Elefante

elefante
EDITORA

CONSELHO EDITORIAL
Bianca Oliveira
João Peres
Tadeu Breda

EDIÇÃO
Tadeu Breda

ASSISTÊNCIA DE EDIÇÃO
Fabiana Medina

PREPARAÇÃO
Carolina Hidalgo Castelani

REVISÃO
Tomoe Moroizumi

DIREÇÃO DE ARTE
Bianca Oliveira

CAPA
Catarina Bessel

DIAGRAMAÇÃO
Victor Prado

ORGANIZAÇÃO
Marina Amaral
Natalia Viana

Furos, mentiras e segredos revelados

Uma década de reportagens da Agência Pública

Prefácio

Agência Pública, sujeita de seu tempo

Fabiana Moraes

Dois mil e onze foi daqueles anos marcados com um xis maiúsculo e vermelho no calendário da nossa memória: enquanto o mundo via o fortalecimento da insatisfação com líderes há muito estabelecidos, o Brasil passava por mudanças inéditas que provocariam alguns dos estrondos ouvidos até agora.

Em fevereiro daquele ano, na Líbia, Muammar Kadafi, então há 42 anos no poder, enfrentava uma rebelião que se transformaria em guerra civil — ele acabaria assassinado em Sirte oito meses depois. No Egito, Hosni Mubarak, à frente do país desde 1981, também era rechaçado por boa parte da população: no décimo oitavo dia de manifestações, renunciou ao poder, e o Exército tomou o seu lugar. Na Síria, cerca de quatro mil pessoas foram mortas nos protestos contra Bashar al-Assad. Na Espanha, nos Estados Unidos e no Chile, movimentos diversos, inclusive os dos chamados Indignados, realizavam acampamentos e passeatas. Nós os veríamos por aqui — ao nosso modo verde-amarelo — dois anos depois.

Ainda em 2011, pairava no Brasil um sentimento de mudança: pela primeira vez em nossa história seríamos comandadas e comandados por uma mulher na presidência da República. Além disso, Dilma Rousseff seria, em setembro do mesmo ano, a primeira mulher a discursar na abertura da Assembleia Geral das Nações Unidas. No âmbito dos direitos civis, em maio, o Supremo Tribunal Federal (STF) tornou legal a união estável de homossexuais, uma decisão que trouxe mais dignidade e segurança para milhares de famílias — e horror para metade do Legislativo de então. A Comissão Nacional da Verdade (CNV), que abria arquivos empoeirados para investigar violações de direitos humanos cometidos pelo Estado, era criada sob o aplauso de uns e a irritação de outros.

Nesse mundo-Brasil coalhado de conflitos de interesses e desejos de mudança (os dois sempre irmanados), um projeto de jornalismo investigativo também se juntou ao time daqueles que procuravam por um desenho mais generoso de sociedade. Penso que a Agência Pública foi criada por jornalistas interessadas não exatamente em um "novo" jornalismo (ainda vamos descobrir que "novo" nunca significou exatamente "melhor"), mas em recuperar as bases do que essa área de conhecimento se propôs inicialmente a fazer: contar, sem distanciamentos, sobre aquilo que se passa longe dos nossos olhos. Contar, ainda, para fazer a diferença.

Fico pensando no quanto Marina Amaral e Natalia Viana percebiam, ali, que esse "longe" pode tanto ser geográfico quanto simbólico: ou seja, o "Brasil profundo" pode ser a periferia de Ananindeua, no Pará, ou o Vivendas da Barra (condomínio no Rio de Janeiro onde moravam o presidente Jair Bolsonaro e Ronnie Lessa, um dos acusados do assassinato de Marielle Franco).

A Pública entendeu que a prática jornalística não é a de reportar, ser mero instrumento mediador, mas colocou-se como sujeita de seu tempo: penso, por exemplo, no momento em que a agência se imbuiu do compromisso de, a partir de 2018, priorizar investigações relacionadas com o governo Jair Bolsonaro, a primeira experiência da democracia brasileira com uma gestão de extrema direita. A expressão, aliás, não foi um problema para a Pública no momento de definir o atual presidente — ao contrário de boa parte da imprensa brasileira, que preferiu tratar com naturalidade as inúmeras violências presentes no discurso racista, classista e misógino do chefe do Executivo.

Aliás, o crescimento da extrema direita no Brasil — justamente um dos estrondos que continuam ressoando após termos acenado para mudanças sociais mais significativas lá atrás — é observado com lupa pela equipe e por colaboradores da Pública. Em dezembro de 2018, uma excelente reportagem, realizada por Ethel Rudnitzki e Felipe Sakamoto, com infográficos de Bruno Fonseca, mostrava o aumento do apreço brasileiro por discursos extremistas e violentos mirando homossexuais, negros e mulheres. Às vésperas das eleições, a agência trouxe um levantamento inédito apontando que brasileiras e brasileiros formavam a segunda maior audiência desse assunto na internet: naquele momento, eram 144 mil (22,7%) pessoas cadastradas em sites de extrema direita, perdendo apenas para os Estados Unidos. O que isso diz sobre uma nação cuja população é majoritariamente negra? O que significa essa adesão histórica a discursos supremacistas brancos? São questões, além dos números, que o jornalismo deve fazer para si e para o mundo.

Quando penso no binômio número e gente, me vem também uma reportagem das mais preciosas — não só pela qualidade investigativa, mas pelo retrato em alta nitidez do Brasil — realizada por Thiago Domenici e Iuri Barcelos em 2019. Nela, a dupla mostra que pessoas negras são as mais condenadas por tráfico em São Paulo, mesmo portando menos drogas que brancos. O que parece ser apenas uma infeliz obviedade, dado o tratamento que a população negra recebeu e recebe no Brasil, se traduz em números espantosos.

Eles analisaram quatro mil sentenças de tráfico em 2017 e, entre outros achados, descobriram que, no caso do porte de maconha, 71% dos negros foram condenados por uma apreensão de 145 gramas, em média. Entre os brancos, a coisa muda radicalmente de figura: 64% foram condenados com apreensão média de 1,14 quilo, quase oito vezes mais que os presos negros. Um juiz chegou a mandar para a cadeia uma mãe, negra, que portava, em uma visita ao filho preso, uma quantidade de maconha equivalente a um sachê de sal. Segundo ele, mandá-la para a prisão seria uma oportunidade para que ela refletisse sobre seu erro e mudasse seus valores. Me pergunto se o mesmo juiz reflete sobre os erros e os valores de uma classe profissional hiperprotegida e formada por quase 90% de homens brancos, casados e católicos.

Além da segurança, outra área importante na política e na vida cotidiana da população foi objeto de investigação da Pública: a imensa liberação do uso de agrotóxicos no país, "fenômeno" atrelado ao governo Bolsonaro. Em parceria com a Repórter Brasil, o projeto Por Trás do Alimento mostra o impacto — nas dimensões econômicas e na saúde pública — de substâncias que, apesar de terem uso proibido em vários países, passaram a fazer parte da alimentação de brasileiras e brasileiros. Os dados revelados pela parceria são assustadores: em 2020, tivemos uma média de dez novas liberações por semana; com isso o governo Bolsonaro bateu seu próprio recorde (em plena pandemia — ou por causa dela): foram registrados 493 novos agrotóxicos, dezenove a mais que em 2019, recorde anterior.

Nessa mesma linha — reportagens a partir de um mesmo tópico/foco —, a produção feita pela Pública a respeito da Amazônia não encontra precedentes na história recente do jornalismo brasileiro: em 2012, lançaram o projeto Amazônia Pública e, a partir de 2019, o Amazônia sem Lei. O primeiro, realizado ainda no âmbito dos governos do Partido dos Trabalhadores (PT), foi até Carajás, Tapajós e Madeira para ver como, nesses locais, a nossa ideia quase sempre enviesada de desenvolvimento se concretizava em grandes empreendimentos. A Vale do Rio Doce, gigante entre as mineradoras, é uma das protagonistas da dobradinha exploração/lucros gigantescos (em grande parte baseados nas isenções fiscais, o que, como mostra a excelente reportagem de Ana Castro publicada em novembro de 2012, transformou o Brasil em paraíso para quem quisesse vir explorar nosso solo). O Amazônia sem Lei, por sua vez, focou a questão da regularização fundiária, a demarcação de terras e a reforma agrária na Amazônia Legal, temas que, infelizmente, ainda são transpassados por violência e morte — aliás, tópicos que, no governo Bolsonaro, voltaram como nunca graças a uma política de incentivo de armas, grileiros, posseiros e evangelização.

Os frutos de investigações preciosas como as citadas aqui geraram importantes conteúdos ofertados pela Pública: um deles, em especial, nos chama atenção em um momento que a cobertura jornalística também se tornou mais vulnerável — como se sabe, é marca do governo Bolsonaro incentivar, ainda, a descrença na imprensa e o desrespeito a repórteres. A cartilha de segurança digital e atuação no campo traz informações preciosas para quem lida com coberturas delicadas, a exemplo daquelas realizadas pela agência justamente na Amazônia, onde populações ribeirinhas e indígenas, além de pequenos agricultores, vivem a todo instante sob uma ameaça que com frequência é "compartilhada" com profissionais de imprensa. No documento on-line, disponibilizado gratuitamente, a equipe realizou uma análise de riscos em viagens e ainda a elaboração de plano de emergência, além de outros pontos importantes tanto na etapa da produção quanto na execução da reportagem e publicação. São sistematizadas aí experiências vindas de mais de duzentas reportagens realizadas pela Pública e seus parceiros e parceiras. Nesse sentido, o trabalho conjunto com a Escola de Dados é importante para que, de forma didática e acessível, repórteres de todo o país tenham contato com regras básicas de segurança e proteção de dados: há desde dicas como a criação de *passphrase* no lugar da *password* (ou seja, senha constituída por uma sequência de palavras, não apenas uma) e a adoção de configurações que permitem restringir a visualização de informações pessoais expostas em redes sociais.

Por fim, na minha lista de ótimas ações praticadas pela Pública nestes dez anos — entre diversas outras, é claro — está o projeto Reload, canal de notícias/análises voltado para o público mais jovem, algo que faz imensa falta no ambiente jornalístico. Lançado em 2020 em parceria com veículos digitais independentes, entre eles ((o))eco, Agência Lupa, Amazônia Real, Congresso em Foco, Énois, Marco Zero Conteúdo, Ponte Jornalismo, Projeto #Colabora e Repórter Brasil, o Reload é um estuário daquilo que o jornalismo não deve ser no futuro, mas, sim, agora: diverso em cores, gêneros, sotaques, abordagens. Jornalismo posicionado e que não se esconde sob mitos como a isenção para conferir credibilidade a si mesmo.

Introdução

O caminho é por aqui

Eugênio Bucci

A Agência Pública concentra uma das maiores esperanças práticas para o jornalismo brasileiro. Os que gostam de usar o substantivo "inovação" podem dizer sem hesitar que a Pública encarna a mais significativa inovação da imprensa brasileira na última década. Inovação mesmo. Inovação humanista, muito mais do que tecnológica ou financista.

Além de se destacar no emprego avançado das tecnologias digitais (basta ver o site da agência e a audiência crescente) e de trafegar com exuberante desenvoltura por linguagens distintas e combinadas, que inclui até mesmo reportagens em quadrinhos (como "Meninas em jogo", de 2014, de Andrea Dip e Alexandre De Maio, sobre a exploração sexual de meninas para a Copa do Mundo), a experiência da Pública nos traz uma resposta institucional a um impasse que pegou as redações no contrapé, mais ou menos como a peste pega as cidades incautas. Isso é o cerne.

Que resposta institucional é essa? Foi difícil pôr de pé — mas agora é fácil de explicar. O ensinamento da Pública não é uma solução de mercado ao sufoco em que mergulharam as empresas jornalísticas, é uma resposta que vai além disso. Nada contra, por evidente, as saídas empresariais para esse sufoco. Nada contra as saídas de mercado. Elas existem e são boas, como outros novos projetos (também eles digitais) nos apontam. Mas, para falar sobre o futuro do jornalismo, o horizonte mercadológico é e seguirá sendo estreito demais.

É por aí que chegamos na grandeza da Pública. Ou, melhor, é por aqui. Quando recapitulamos sua trajetória, somos apresentados a algo que podemos definir como um pensamento sobre o lugar da imprensa em uma sociedade democrática. A palavra "pensamento", porém, não nos deve enganar. Não se trata de uma "teoria" do jornalismo, ou de um conjunto de conjecturas abstratas, ainda que exista muito de teoria nos filamentos internos dessa jovem e vigorosa agência noticiosa. A Pública é um pensamento novo, isso é verdade, mas o maior mérito é que esse pensamento novo ganha corpo, é uma produção material viva, vibrante e palpável. É isso que se faz na rotina jornalística. Por essa razão, acima de tudo, é que podemos dizer que a Pública é uma das maiores esperanças práticas a iluminar as trevas que tentam nos engolir.

Em que consiste essa esperança prática? Ela consiste em nos mostrar, e em nos provar, que a saída para a tragédia econômica que asfixia a atividade jornalística não pode ser limitada a uma estratégia de mercado; é também um projeto político, no sentido mais elevado que esse adjetivo pode ter.

Quando se fala em novas maneiras de sustentar a atividade jornalística, fala-se, necessariamente, de maneiras que não se resolvem nas equações de compra e venda de produtos ou serviços. Há algo mais aí. Ou aqui. A sustentação do jornalismo não precisa vir só do mercado. Mais ainda, talvez não deva vir apenas dele.

Em 2011, quando a Pública nasceu, a ideia de reunir profissionais experientes para liderar redações com padrões técnicos e éticos à altura das melhores tradições da imprensa, financiadas por doações de fontes comprometidas a não atentar contra a independência editorial, já vinha sendo testada com algum sucesso. Nos Estados Unidos, a ProPublica, criada entre 2007 e 2008, adotava esse modelo, apurando histórias de interesse público de modo autônomo. Ocasionalmente, em aliança com veículos consagrados, como o *New York Times*, ela revelou histórias de impacto fundamentais e foi reconhecida em prêmios de peso, como um Pulitzer, já em 2010.

Seguindo uma trilha semelhante, não idêntica, a Agência Pública logo despontaria como uma das redações mais premiadas do Brasil. Mas não ficou só nisso. Pensou em outras equações para se sustentar. Só doações não resolvem: elas financiam reportagens e redações, porém não dão conta de, sozinhas, *sustentar politicamente a independência* — não qualquer independência, mas a independência do beneficiário em relação ao benfeitor.

Ciente disso, a Pública também figura na vanguarda das experiências de buscar apoio difuso entre as pessoas de carne e osso, seus leitores, criando vínculos que rendem algum recurso econômico e, além do mais, base de apoio político — que nada tem de partidário. Muitos outros projetos investem na mesma trilha, buscando nas campanhas de financiamento coletivo (*crowdfunding*) fontes alternativas para o pagamento de reportagens, mas, na Pública, isso adquire um caráter, para usarmos uma vez mais a palavra ambígua, inovador. Essas campanhas da Pública *politizam* seus laços com o público, e nisso reside um componente expressivo do seu enorme valor.

Ao buscar essa via de financiamento difuso, a Pública, mais do que encontrar suplementos econômicos para o seu orçamento, fortalece a nervura institucional da imprensa livre, que só é livre de verdade quando se alimenta, materialmente, da vontade e do apoio dos cidadãos, cientes do peso que deve ter o seu direito à informação. Agindo assim, a Pública se diferencia da imprensa de mercado.

É claro que essa dimensão institucional maior do que o mercado existe também em muitas empresas jornalísticas privadas. E e é bom que assim seja. Mas a Pública nos dá a esperança de que há jornalismo por inteiro além do mercado

— e essa esperança talvez não seja vã, e talvez nos venha a ser indispensável.

Em sua militância jornalística rotineira, a agência vem nos provando, reiteradamente, a viabilidade dessa esperança. Ela não se pauta pelo marketing de si mesma, não bajula as próprias audiências, não está atrás de clientelas, nunca fala em "fidelizar" o consumidor. Ela presta contas ao interesse público e é assim que quer ser percebida. Por isso, compra brigas, boas brigas, e angaria apoios consistentes. Dois especiais sobre a Amazônia exemplificam bem essa virtude ao mesmo tempo cívica e jornalística. Amazônia sem Lei descortinou os conflitos e as iniquidades que corroeram e corroem as relações sociais na região. Amazônia Resiste reportou a força e as vulnerabilidades dos movimentos indígenas. Os dois, juntos, mostraram o Brasil sem filtros para os brasileiros e para o mundo. Em seu planejamento, a Pública não pensa em ganhar dinheiro, em remunerar o acionista, em nada disso: sua obsessão é informar. Sua carta de valores cabe, inteirinha, dentro da Declaração Universal dos Direitos Humanos. Não põe o pé fora, de jeito nenhum.

E é aí, além do dinheiro, que o jornalismo se reconcilia com sua melhor identidade. Outra vez, nada contra os bons veículos de mercado. Aprendemos muito com eles. A tradição jornalística lhes deve muito. Títulos como *The Economist* ou *The Washington Post* são empresas capitalistas que prestaram e prestam serviços públicos de enorme envergadura. Mais ainda, não existiria o que agora chamamos de jornalismo sem empresas privadas como essas. No entanto, hoje, precisamos ter a humildade de admitir que isso é pouco. Não podemos negligenciar o fato de que a forma "empresa" é apenas um entre os inúmeros formatos possíveis que a imprensa livre pode assumir nas sociedades que são chamadas, elas também, de livres, ainda que com algum favor da nossa boa vontade.

Mas, outra vez, o mercado não é tudo quando falamos de imprensa. Há jornalismo crítico e livre, há muitas décadas, em organizações não comerciais: na BBC (British Broadcasting Corporation) britânica, na NPR (National Public Radio) dos Estados Unidos, ou nas alemãs ARD (Arbeitsgemeinschaft der öffentlich-rechtlichen Rundfunkanstalten der Bundesrepublik Deutschland), ZDF (Zweites Deutsches Fernsehe) e DW (Deutsche Welle), que não acalentam nenhuma finalidade de lucro e não têm parte com nenhuma propriedade privada. Também lá se faz e se fez bom jornalismo — lembremo-nos de tudo isso apenas para deixar patente que jornalismo não é, já faz tempo, sinônimo de mercado.

A propósito, quando nos perguntamos sobre um futuro sustentável para a função social de informar a sociedade com objetividade e de mediar o debate público de forma justa e apartidária, parte significativa da resposta está no passado das emissoras públicas dos países democráticos, algumas das melhores organizações jornalísticas do nosso tempo — públicas, todas elas públicas. Não é verdade, em nenhum sentido, que o fato de uma instituição jornalística ser pública, como a BBC, a obrigue a ser submissa ao governo, ao Estado ou ao poder econômico. Não é isso o que vemos na NPR ou na ARD. No entanto, desgraçadamente, vemos muita sujeição na história de órgãos comerciais de imprensa, no Brasil e no exterior.

O mercado não é garantia de independência para ninguém. Existem órgãos privados que realizam trabalhos jornalísticos de excelência, mas existe muita podridão nesse reino. Ou não? Existe muita vassalagem nas emissoras públicas brasileiras, mas pode existir, também nelas, apetite pelo furo, altivez e arte. O jornalismo não se reduz a uma atividade de mercado e fica muito melhor quando seus praticantes têm consciência disso. A turma da Pública sabe disso muito bem.

Tenhamos olhos para as identidades necessárias entre a forma da empresa privada e o sentido institucional da imprensa, mas tenhamos olhos, também, para as discrepâncias que separam uma coisa da outra. Anotemos as antinomias e as contradições insanáveis. A dificuldade de separar imprensa e mercado tem sido um dos maiores embaraços das vozes que se voluntariam a assumir a defesa do jornalismo crítico. A Pública nos vacina contra essa dificuldade.

É assim que ela nos brinda com uma esperança prática, em cada uma das vírgulas que publica — que torna públicas —, como a nos alertar de que o futuro da imprensa passa por saber-se função pública, não apenas por prestar um serviço de interesse coletivo, mas porque o ofício jornalístico é antes de natureza pública do que de natureza privada ou profissão liberal. Nesse sentido, o melhor do jornalismo não apenas não se acomoda por inteiro nos limites da propriedade privada, como, em muitas circunstâncias, é incompatível com eles. E, por favor, não há nenhum ranço nostálgico de utopias vencidas, mas apenas uma visão de futuro, que considera que o jornalismo pode ter outros modelos institucionais que não se confinem dentro dos tão falados "modelos de negócio".

Não surpreende que a Pública tenha despontado não apenas como fonte para os órgãos privados de imprensa. Apenas o *New York Times* citou-a seis vezes durante 2020. Também em 2020, reportagens da agência foram publicadas em primeira mão pela *Folha de S.Paulo*, o diário de maior circulação do país, em cinco ocasiões diferentes. Em uma dessas, o material apurado e escrito pela Pública — sobre o assassinato, por atiradores do Exército, do músico Evaldo Rosa e do catador de recicláveis Luciano Macedo, em 7 de abril de 2019 em Guadalupe, Rio de Janeiro — apareceu na primeira página, em um destaque incomum.

O caminho é por aqui. O caminho vem sendo mostrado para nós por gente muito boa e iluminada: essas mulheres corajosas, talentosas, brilhantes e competentes que criaram, tocam e inspiram a Agência Pública.

1

O jornalismo pode mudar o mundo

Marina Amaral

Meu ponto de virada no jornalismo veio de maneira completamente inesperada, como acontece com uma boa reportagem, cujo final é impossível prever. Até aquele momento, eu tinha trabalhado com jornalismo diário impresso e em televisão e recebi contrariada a proposta de uma vaga de repórter na revista *Globo Rural*.

Mãe de uma menina de três anos, eu precisava trabalhar, mas sofria com a ideia do que me parecia um exílio profissional. Estávamos em setembro de 1986, o país passando pelo processo de redemocratização, com a Constituinte convocada, o que faria eu entre técnicas agrícolas, plantações e gado?

"Sou uma criatura urbana, Renato, não quero trabalhar falando de adubo e soja", respondi, quando meu primo Renato Pompeu me falou do emprego na redação onde também trabalhava seu irmão, o jornalista Sérgio Pompeu. "Se você for para lá, vai aprender com os mestres", ele rebateu sem maiores explicações.

Eu conhecia de nome o José Hamilton Ribeiro, repórter de mão cheia, que fazia o programa de TV. Mas nunca tinha ouvido falar de seu antigo companheiro de *Realidade*, a primeira revista de grandes reportagens do país (1966-1976), que tinha sido convidado para colocar o projeto de pé: Sérgio de Souza, o Serjão, o melhor editor do país e um incansável criador de novas publicações, mesmo quando a imprensa estava sob censura na ditadura militar.

Eu lia *Ex-* no colégio, o único veículo a noticiar a morte do jornalista Vladimir Herzog, em 1975, um tabloide vibrante com cara underground, que trazia um sopro de ar e liberdade nos anos de chumbo. Mas não sabia que Serjão e aquelas figuras que encontrei reunidos em volta de uma mesa de futebol de botão tinham tudo a ver não apenas com o *Ex-*, mas com a revista *Bondinho*, as criações de Samuel Wainer, a inovação do *Jornal da Tarde* e das revistas da Abril. Os jogadores eram os editores Jovem Gui (Guilherme Cunha Pinto) e Bi (Ricardo Vespucci), o carioca José Trajano, chefe de reportagem, e o gaúcho Roberto Manera, repórter especial.

Não havia nenhuma mulher na sala e fiquei desconcertada ao entrar naquele universo tão masculino, mas ao mesmo tempo tão mais charmoso do que imaginava ser a redação de uma revista rural. Nem sei como fui parar na mesa do Serjão, um cinquentão alto e magro de jeito reservado, cabelos grisalhos enroladinhos, elegante em sua camisa branca de algodão. Me surpreendi com seu sorriso largo e reparei que, em vez de sapatos, o diretor de redação usava sapatilhas de Tai Chi. Não sei por que aquele detalhe me tranquilizou. Menos de uma hora depois eu já estava ao telefone tentando dar conta da minha primeira tarefa: rechear de informações uma lírica reportagem do escritor Domingos Pellegrini sobre... colheitadeiras!

Foi ali que saquei a mágica do jornalismo: qualquer assunto pode ser interessante para quem olha para o mundo com curiosidade e quer transmitir o que aprendeu ao leitor. Com um bom texto e belas fotos, até os nematoides podem ser fascinantes. Acreditem, meninas, eu vi.

Também aprendi outras lições, a maioria delas observando, já que aqueles homens, como muitos do gênero, não gostavam de dar explicações. Vi, por exemplo, que a turma não deixava de lado o jornalismo investigativo mesmo fazendo uma revista que, para a Globo, devia ser de leitura leve, propícia ao anunciante.

O termo "agrotóxico", por exemplo, tinha de ser substituído por "defensivos agrícolas", estipulava a Globo. O que fazia a redação comandada por Serjão? Pautas e mais pautas sobre produtores de sucesso e especialistas de renome adeptos de técnicas sustentáveis de cultivo, como o controle biológico de pragas e o plantio direto, até hoje essenciais para uma agricultura de baixo carbono.

Aproveitando as brechas, fizemos matérias mostrando que a explosão da soja vinha dos subsídios do governo, e não da propalada ousadia do produtor; que os pequenos produtores de feijão estavam abandonados, encarecendo a cesta básica; que as nossas sementes estavam sendo sequestradas por multinacionais como Monsanto e Bayer. Personagens cativantes e pautas sobre a criação de pequenos animais e hortas, ao alcance de qualquer quintal, garantiam a leitura — a revista vendia bem, ironicamente, sobretudo nas capitais.

Claro que a insistência em fazer jornalismo de verdade em uma revista criada basicamente para entreter e vender anúncios criava tensões, como sabiam os guerrilheiros da imprensa, que só faziam o que gostavam de fazer: inventar projetos dentro e fora das grandes redações. Percebi o quanto levavam sua independência a sério quando, depois de uma divergência com a Globo, todos pediram demissão, seguidos por boa parte da redação — inclusive eu, grávida de dois meses.

Na próxima aventura, eu estaria junto e entraria para sempre no mundo do "jornalismo sem patrão", como se dizia, "independente", como falamos agora.

Caros Amigos, um sonho de papel

Foi o Serjão que me convidou para participar da nova empreitada, a revista *Caros Amigos*, onde eu viveria uma experiência profissional transformadora e conheceria o grupo que acabou se reunindo na direção da Agência Pública — dos cinco integrantes da direção, quatro vieram de lá: Natalia Viana, Andrea Dip, Thiago Domenici e eu, vinte anos mais velha. De lá trouxemos o amor pelas grandes reportagens, o conceito de jornalismo em defesa dos direitos humanos, o valor de ouvir os mais vulneráveis, a ética no trato com as fontes e diante do leitor.

Lançada em 1997, quando o governo Fernando Henrique Cardoso era uma unanimidade entre as grandes redações, a revista nasceu fazendo sucesso onde menos se esperava: entre a juventude. O talento e a irreverência da dupla de senhores que comandava a revista — além de Serjão, o jornalista e psicanalista Roberto Freire —, o formato grande que valorizava fotos e ilustrações, e inspiraria depois a revista *piauí*, e as pautas inovadoras de política à cultura atraíam tanto os jovens leitores como os jovens jornalistas.

Além de colunistas conhecidos como Gilberto Vasconcelos, Guto Lacaz, Ana Miranda, Leo Gilson Ribeiro, a revista também trazia grandes entrevistas, feitas em equipe, com intelectuais como o geógrafo Milton Santos e o filósofo e teólogo Leonardo Boff, líderes de movimentos sociais como Sueli Carneiro (fundadora do Geledés) e João Pedro Stédile, do Movimento dos Trabalhadores Rurais Sem Terra (MST), artistas como Plínio Marcos e Zé Celso, jornalistas como Juca Kfouri e Caco Barcellos. Em cada edição havia pelo menos duas grandes reportagens, apesar dos recursos escassos. A gente viajava de ônibus ou nos carros de repórteres e fotógrafos, dormia na casa de amigos, em redes improvisadas, hotéis de quinta categoria. Poder ir até o fundo das histórias que queríamos contar, sem nenhuma censura, e ainda ter o texto maravilhosamente editado pelo Serjão, valia qualquer esforço.

Apesar de doze anos anteriores de profissão, em que cobri greves e eleições, entrevistei políticos e até alguns figurões, foi na *Caros Amigos* que fiz minha primeira reportagem em um quilombo (em Alcântara, Maranhão), em uma terra indígena (Krahô, no Tocantins), em assentamentos e escolas do MST, na comunidade muçulmana em São Paulo, no ultraconservador Opus Dei (que frequentei por meses), nas "posses" de hip-hop na periferia. Investiguei o assassinato de um político (o prefeito Toninho, de Campinas, que descobri ter sido morto por informantes da polícia civil, que encobriu as provas), cobri o Fórum Social Mundial em Porto Alegre, conheci o escritor Ferréz, o rapper Mano Brown, os zapatistas mexicanos. Até tomei café feito por uma senadora — a alagoana Heloísa Helena, hoje na Rede, que não se acanhou em usar a cafeteira ao chegar em jejum para uma entrevista.

Fui repórter, editora e, por fim, "sócia" da *Caros Amigos*. As aspas são por conta da ausência de capital — apesar do patrimônio imaterial da redação e dos colaboradores, e de se estruturar como uma empresa, a revista jamais conseguiu ter algum equilíbrio financeiro, claudicando entre vendas e assinaturas corroídas pela logística de distribuição e os raros anúncios. Como quase todos os veículos independentes criados antes da internet, a revista não tinha como pagar a gráfica, a distribuição nas bancas e remunerar de forma justa a redação. O cobertor era curto, e a gente até era feliz, mas dormia com o pé de fora. Para mim estava claro que esse aprendizado rico, mas tão difícil, teria que desembocar em um novo modelo de fazer jornalismo, dessa vez, comandado por mulheres. Só não sabia qual.

Três mulheres destemidas

Nunca desisti de buscar essa resposta enquanto fazia frilas, encarava um tempo na rede de comunicação do sindicato dos bancários e coordenava um livro sobre a situação dos direitos humanos no Brasil. Thiago Domenici, Sofia Amaral (hoje produtora, roteirista e diretora de projetos audiovisuais, também na Pública) e Natalia Viana, claro, faziam parte do grupinho de ex-*Caros Amigos* que se reunia no salão embaixo da minha casa para conversar sobre futuros projetos, inspirados pelo Serjão, falecido em 2008.

O projeto só ganharia corpo em 2010, depois que a Natalia voltou de um mestrado em Londres, em meio à revolução provocada pela internet — que gerou uma crise sem precedentes na mídia tradicional —, e viu que era possível explorar as oportunidades trazidas pela livre-circulação de informação. Entre elas, a de se aproximar do público, forçando a transparência dos poderosos, como fazia Julian Assange, o fundador do WikiLeaks, que depois convidaria Natalia para se juntar à equipe do Cablegate — o vazamento de milhares de telegramas trocados entre os Estados Unidos e embaixadas pelo mundo, que abalou o jornalismo e a política global.

Deixo os detalhes dessa história a cargo da própria protagonista (ver capítulos 3 e 8), lembrando apenas que éramos puro entusiasmo quando voltamos a nos reunir, em dezembro de 2010, pouco depois do Cablegate. Dessa vez, apenas três mulheres: Natalia, eu e a jornalista Tatiana Merlino, também ex-*Caros Amigos*, que havia entrado na revista depois da nossa saída.

Sabíamos que queríamos fazer jornalismo investigativo, comprometido com os direitos humanos, mas sem partidarização política nem opinião, com apuro técnico e consistência. E, para isso, precisávamos encontrar um modelo que nos desse independência, inclusive financeira.

Não era fácil, mas nada parecia impossível naquele momento. Além da explosão de energia do WikiLeaks, o jornalismo sem fins lucrativos já dava seus primeiros passos nos Estados Unidos e na Europa, e a Natalia acompanhou esse movimento de perto. Foi ela quem sugeriu o modelo: a Pública seria uma agência de jornalismo investigativo independente, com reportagens distribuídas gratuitamente sob licença Creative Commons, financiada por doações — até hoje advindas principalmente de fundações internacionais.

O primeiro sinal de que não estávamos loucas veio no fim de janeiro de 2011, quando o jornalista João Brant, fundador do Intervozes, telefonou com a notícia bombástica: ele tinha falado do nosso projeto para a presidente da Fundação Ford no Brasil, Ana Toni, e ela queria marcar um almoço para nos conhecer.

Foi amor à primeira vista, ela se empolgou com nosso entusiasmo de repórteres e falou do impacto que aquela agência pioneira poderia trazer para o cenário de mídia no país, tão concentrado quanto a renda. Também nos tranquilizou quanto à impossibilidade de qualquer interferência no nosso conteúdo — o que de fato nunca chegou, nem mesmo como "sugestão".

Mas ainda tínhamos muito o que aprender sobre empreender e sobre o modelo que estávamos abraçando. Estruturar uma ONG, criar projetos viáveis, com metas, descrição de atividades e indicadores de sucesso, e ainda elaborar orçamentos e cronogramas era uma rotina bem fora do nosso repertório como jornalistas, mas básica para obter financiamentos no mundo das fundações. Não só a Ford como a Open Society Foundations foram essenciais na criação da nova mídia digital na América Latina.

Em 15 de março de 2011, ao receber o Troféu Mulher Imprensa pelo trabalho com o WikiLeaks, Natalia anunciou a fundação da Agência Pública, e nós saímos dali prontas para pôr a mão na massa, embora precariamente instaladas na edícula da Casa da Cultura Digital e sem nenhum tostão. Quando o financiamento da Ford finalmente foi aprovado, em outubro de 2011, já tínhamos perdido a Tati, que aceitou um convite, para ela irrecusável, na Comissão da Verdade do Estado de São Paulo. A ditadura fazia parte da vida da Tati, que nasceu depois do assassinato do seu tio, o jornalista Luiz Eduardo Merlino, morto em 1971 em consequência das torturas sofridas no DOI-Codi de São Paulo, comandado pelo herói de Jair Bolsonaro, o então major Carlos Brilhante Ustra (ver capítulo 10). Natalia e eu tocamos o barco.

Voltaríamos a nos reunir, as três fundadoras, no primeiro semestre de 2014, quando a Pública acolheu um grupo de jornalistas especializados em segurança pública e direitos humanos insatisfeitos com o trabalho na grande imprensa. Àquela altura, já sabíamos o caminho das pedras para sustentar um jornalismo que tinha sido reconhecido por duas dezenas de prêmios (hoje são mais de cinquenta) e inspirava jornalistas em todo o país. Tudo o que queríamos era compartilhar esse conhecimento e sabíamos que Tati, Bruno Paes Manso, Fausto Salvadori e André Caramante tinham estofo para criar um projeto original e relevante. Essa turma idealizou a Ponte Jornalismo (e daria vida também aos Jornalistas Livres, liderado por Laura Capriglione, que fazia parte do grupo original).

Um dos nossos maiores orgulhos é ter contribuído com esse e outros projetos que fortaleceram esse campo vibrante que é hoje o jornalismo digital, ao mesmo tempo que procuramos fazer o melhor jornalismo dentro de casa. O jornalismo é coletivo por essência, aprendemos todos com os erros e acertos de cada projeto, como conta Natalia, no capítulo 3.

Investigar, inventar, inovar

Me perdoem se me estendi ao falar sobre a gestação da Pública, mas acredito que ali já estavam todos os elementos que nos fizeram ser quem somos: a paixão pela reportagem, o apego à investigação criteriosa, a consciência do papel do jornalismo para minorar injustiças e fortalecer a democracia, o comando generoso das mulheres, a independência que rejeita qualquer tipo de pressão — financeira ou política — e abraça a ética e a sensibilidade no trato com as fontes e diante do leitor.

Foram essas qualidades, mais do que a excelência individual, que nos levaram a nossas maiores conquistas: a investigação das violações de direitos nos megaeventos esportivos; a inovação na cobertura da Amazônia, respeitando o protagonismo de povos indígenas e comunidades tradicionais, como você vai ler no capítulo escrito por Ciro Barros; a adoção de padrões feministas nas reportagens sobre gênero, fazendo também a relação entre política e os grupos religiosos, como conta Andrea Dip; as denúncias sobre violência policial e racismo, presente em todos os escalões da Justiça, tema do capítulo do repórter José Cícero da Silva. Com o foco nas violações de direitos humanos, o jornalismo guiado por dados se tornou fundamental para expor injustiças, como na reportagem que mostrou a diferença entre a vacinação de negros e brancos, de Bruno Fonseca, uma das seis citadas no relatório da Comissão Parlamentar de Inquérito (CPI) da Pandemia (Muniz, Fonseca, Fernandes & Pina, 2021).

Em um capítulo em ritmo de *thriller*, Natalia Viana conta como revelou as relações entre o Federal Bureau of Investigation [Departamento Federal de Investigação] (FBI) e a Lava Jato e conseguiu levantar as vítimas das operações militares em plena democracia, ignoradas pelo Exército e pela mídia, com a impunidade dos agressores garantida pela Justiça Militar. Ela também conta como se aproximou do WikiLeaks e a influência desse trabalho na idealização da Pública. Ao contrário da mídia tradicional, que concentra seu papel de jornalismo vigilante (*watchdog*) no governo, talvez por dependerem de anúncios, também investigamos empresas e empresários, assunto do capítulo 7, escrito por Thiago Domenici.

Nossa força veio da solidariedade e da fidelidade a quem somos: repórteres mulheres, ciosas da liberdade e do compromisso do jornalismo em denunciar as injustiças. Também a nossa evolução profissional está ligada a essa característica feminina de saber ouvir, não ter preguiça de ensinar, aprender com os próprios erros e cuidar para que todos tenham a oportunidade de crescer, como vem acontecendo na trajetória da Pública. De uma pequena iniciativa criada por três repórteres, brotou uma organização que hoje tem mais de vinte jornalistas, produzindo conteúdo republicado por mais de mil veículos, dentro e fora do Brasil, o que intensifica o impacto do nosso material e atinge um público bem diverso, como explica Marina Dias no próximo capítulo.

Agradeço a todos que contribuíram para que a Pública chegasse aos dez anos de vida com a mesma paixão pelo jornalismo e ganas de sacudir este país tão injusto. Com a benção de nossas conselheiras Eliane Brum, Dorrit Harazim, Jan Rocha, Ana Toni, Paula Cesarino Costa, Cecília Olliveira e Fabiana Moraes e dos conselheiros Carlos Azevedo, Rosental Calmon, Ricardo Kotscho e Eugênio Bucci, entrego aos nossos brilhantes profissionais a tarefa de contar, nestas páginas, por que, se a Pública não existisse, ela teria de ser inventada.

Fica o spoiler: o jornalismo feito com coração, coragem e persistência terá sempre o condão de mudar o mundo.

2

O que faz uma agência de jornalismo investigativo?

Marina Dias

Certa vez um estudante de jornalismo nos primeiros meses de curso me pediu para explicar como funcionavam as republicações das nossas reportagens. Comecei dizendo que não é à toa que nosso nome é "Agência Pública". Ele ficou surpreso, não sabia que em nossa área agência é uma organização jornalística que distribui o conteúdo que produz. Para mim, ficou claro que isso afinal talvez não seja tão óbvio assim. Passei a olhar com mais atenção para outras agências, tradicionais no jornalismo, como a Reuters ou a Associated Press (AP). Percebi que há formas diferentes de ser agência.

Para começar, a Pública não vende o conteúdo que produz: nossas reportagens investigativas são republicadas em sistema Creative Commons, ou seja, seguindo regras como não alterar o texto e dar os créditos, mas sem pagar. Na outra ponta — a que financia esse trabalho longo e custoso de investigar até o fim —, não temos anunciantes nem capital. Nossos recursos vêm basicamente de doações de fundações internacionais e nacionais e do público leitor, que contribui voluntariamente, já que não temos acesso pago (*paywall*).

Por isso, dizemos que a Pública é a primeira agência de jornalismo investigativo sem fins lucrativos do Brasil. Apostamos nesse modelo de negócio, o que nos dá mais liberdade e independência e nos livra não apenas das amarras dos anunciantes (incluindo governos e estatais), mas também da obrigação de fazer um jornalismo guiado pelo que dá mais audiência. Como explicamos no capítulo anterior, investigamos sobretudo violações de direitos humanos, e isso será feito, goste ou não a audiência — o que não significa que não temos estratégias para que nossas reportagens sejam lidas e comentadas.

Parte do nosso método é estimular que nossas reportagens sejam publicadas por outros veículos de comunicação para que a informação de interesse público (e bem apurada) circule livremente, obtendo o maior alcance possível, inclusive em diversidade de leitores. Cada reportagem nossa é publicada por, em média, outros vinte sites.

Por isso, mesmo que você não entre sempre no site da Pública, acaba trombando com reportagens nossas no UOL, no *El País Brasil* (que encerrou as atividades em 2021) ou mesmo em jornais de outras regiões. O título pode até ser alterado pelo veículo, nossas regras permitem, a fim de chamar a atenção para um aspecto da história que faz mais sentido para o público local, por exemplo.

Quando a Agência Pública foi fundada, em 2011, já havia gente usando esse modelo no mundo, mas fomos pioneiras no Brasil.

Esse esquema de distribuição nasceu com a gente, está no nosso nome. Surgimos no momento que a transparência e a livre-circulação de informação relevante para o público questionavam os velhos modelos empresariais de produção do jornalismo. Como você vai ler mais detalhadamente no capítulo 8, Natalia Viana, uma das nossas fundadoras, trabalhou com o WikiLeaks no vazamento de mais de 250 mil telegramas diplomáticos dos Estados Unidos pouco antes da criação da Pública. As revelações dos vazamentos dessa organização fundada por Julian Assange e a forma como ela distribuiu e divulgou os documentos pelo mundo transformaram o modo de fazer e pensar o jornalismo. Outros modelos de agência Creative Commons, que já davam seus primeiros passos no exterior, como contou o jornalista Eugênio Bucci na introdução deste livro, inspiraram esse modelo de distribuição de conteúdo e parcerias em todo o mundo, incluindo a gente, aqui no Brasil.

Quando começamos a trabalhar, era difícil explicar para os veículos tradicionais de imprensa que estávamos dando de graça aquilo que as agências comerciais, como as já citadas Reuters e AP, vendiam. Eles também estranharam que, mesmo nas parcerias, só podíamos garantir exclusividade temporária, de algumas horas, antes que a reportagem entrasse em nosso site e fosse enviada para todos os republicadores. Em contrapartida, também tivemos de estabelecer regras para que nosso conteúdo não fosse alterado ou utilizado de forma indevida, respeitando as características de cada publicação. Muitas vezes, por exemplo, os jornais usam textos mais curtos, e a gente não se importa de reduzir para o tamanho que eles querem — desde que sejam publicados exatamente da forma como enviamos.

Nossas regras de republicação determinam que:

1. As reportagens da Agência Pública podem ter os títulos e os intertítulos alterados para adequar o conteúdo ao estilo do veículo. O conteúdo não pode ser cortado, reduzido ou editado, tampouco retirado do contexto.
2. Todas as republicações devem trazer o nome da Agência Pública e do autor da reportagem com destaque na parte superior dos textos — mesmo aqueles que editamos de parceiros internacionais. Nesse caso, também deve constar o nome do autor e do parceiro internacional.
3. As reportagens devem trazer ao lado da assinatura o selo de republicação da Agência Pública.

4. Todas as histórias devem trazer o link apublica.org. Os tuítes sobre as reportagens republicadas devem conter a menção @agenciapublica e as menções no Facebook devem marcar nossa página facebook.com/agenciapublica.
5. Fotos só podem ser republicadas junto às reportagens e com os devidos créditos.
6. Vídeos podem ser reutilizados, desde que na íntegra, com os devidos créditos e link para nosso site.
7. Reportagens em vídeo podem ser veiculadas em emissoras de TV mediante assinatura de autorização de transmissão válida por trinta dias.
8. Em caso de reportagens em série, o republicador pode optar por publicar apenas uma delas, porém deve sinalizar que aquele texto faz parte de um conjunto, com o link apropriado.
9. Reportagens publicadas no site não podem ser revendidas (a licença Creative Commons não permite a exploração comercial do conteúdo).
10. As reportagens podem ser traduzidas mediante autorização prévia e devem ser enviadas para aprovação antes de serem publicadas.

As regras de republicação estão visíveis em nosso site, mas também fazemos questão de nos relacionar com os veículos que frequentemente publicam nosso conteúdo. Nossas reportagens são enviadas por e-mail para uma lista de cerca de quatrocentos republicadores espalhados por todo o país, mas mesmo quem não as recebe pode republicar. Em 2020, nossas reportagens saíram em 1.100 veículos diferentes, nacionais e internacionais. Os editores desses veículos decidem o que e quando publicar.

Quando entrei na Pública, esse processo era feito todo à mão, copiando e colando as longas reportagens em um e-mail e enviando para a lista de jornalistas parceiros. Hoje o processo é bem mais ágil, feito por uma integração entre nosso site e a plataforma de e-mail marketing que usamos. Além disso, antes de publicar determinadas reportagens, buscamos parcerias antecipadas com veículos de grande relevância nacional e local. Isso não só faz com que nossas investigações alcancem mais pessoas, como aumenta as chances de elas chegarem aos tomadores de decisão, gente com poder para corrigir uma injustiça ou para criar e aperfeiçoar leis e políticas públicas, ou mesmo leitores que vão descobrir que também passam ou passaram pela mesma situação.

Um caso me marcou. Em 2020, publicamos uma reportagem na qual doze mulheres denunciavam Dinamá Pereira de Resende, que cometeu uma série de crimes sexuais contra menores de idade em Minas Gerais. Era seríssima a denúncia contra esse homem que promovia atividades culturais e religiosas que teriam sido frequentadas por mais de cinco mil crianças. A editora Andrea Dip sugeriu que procurássemos um veículo parceiro para publicar a história e trazer maior impacto.

Entramos em contato com a *Folha de S.Paulo*, que publicou uma versão reduzida da matéria, com nove mil caracteres — a reportagem na íntegra tinha mais de trinta mil caracteres (Colodeti & Andrade, 2020), algo fora da realidade do jornal impresso. Estar em um veículo como a *Folha* aumenta a repercussão do material produzido, não apenas por ter mais leitores, mas por incentivar outros veículos que ainda não conhecem a Agência Pública a confiar no seu conteúdo e divulgá-lo também.

Nesse caso, depois da publicação da reportagem, diversos jornais mineiros foram atrás da história. Ao menos outras oito vítimas apareceram. Uma delas nos enviou registros de conversas em que Dinamá pedia para que ela enviasse fotos suas. A vítima tinha doze anos na época da troca de mensagens. Dinamá acabou sendo condenado a 87 anos de prisão em novembro de 2021.

Cinquenta prêmios em dez anos

O reconhecimento do trabalho da Pública facilita bastante a tarefa de distribuir nossas reportagens. Mas nem sempre foi assim. Em minhas visitas às redações pelo Brasil, conversando com editores em busca de parcerias, já ouvi coisas como "Eu não preciso publicar suas reportagens, olha o tamanho dessa redação!" ou "Não vamos publicar, nossos editores não confiam nessa apuração" — a reportagem em questão ganhou depois o Prêmio Petrobras de Jornalismo e o Prêmio República, da Associação Nacional dos Procuradores da República (ANPR).

Hoje a Pública tem mais de cinquenta prêmios de jornalismo, incluindo os grandões, como o Prêmio Vladimir Herzog e o Prêmio Gabriel García Márquez de Jornalismo (Prêmio Gabo), e é cada vez mais raro as portas se fecharem na nossa cara. Há, sim, casos em que veículos optam por não republicar nossas reportagens porque acham que não se encaixam no perfil do seu público. Parte do meu trabalho é conhecer os parceiros de republicação e tentar sugerir quais opções do nosso conteúdo combina mais com a linha de cada um deles, o que também tende a aumentar o impacto do trabalho investigativo da nossa equipe, nosso objetivo número um.

Também trabalhamos para dar mais segurança aos republicadores, além da confiança construída por meio da oferta de pautas relevantes e apurações aprofundadas e cuidadosas, seguindo critérios técnicos e éticos e com boa finalização: nossas reportagens passam por revisão de texto e, em alguns casos, revisão jurídica. Ainda assim, quando erros acontecem, a política é de transparência total com os republicadores. Qualquer mudança feita em uma reportagem em nosso site após o envio para os parceiros é comunicada imediatamente a eles.

Com isso, conquistamos também a confiança dos republicadores estrangeiros. Em 2019, articulamos uma rede de veículos da América Latina e da Espanha, que recebe duas matérias traduzidas por mês. Nossa coordenadora de parcerias internacionais, Bárbara D'Osualdo, seleciona as reportagens com maior apelo ao público internacional, faz as necessárias adaptações em parceria com o editor da matéria, envia para a tradução e distribui o material para os parceiros. Atualmente, 25 veículos de treze países fazem parte da rede. Entre eles estão Animal Político (México), Ciper (Chile), Convoca (Peru), Diario de Cuba (Cuba), eldiario.es (Espanha), El Surtidor (Paraguai), GK (Equador), Infobae (Argentina), Interferencia (Chile), la diaria (Uruguai), La Voz de Guanacaste (Costa Rica) e Ojo Público (Peru).

Também publicamos versões das nossas reportagens em inglês. Entre nossos parceiros estão a Mongabay, que publica traduções de histórias sobre meio ambiente, o Latin America Bureau (LAB), do Reino Unido, e o InSight Crime, especializado em investigações sobre o crime organizado na América Latina e no Caribe. Assim como acontece com as reportagens em português, as traduções também acabam sendo republicadas por outros veículos através de nossos parceiros. Em 2021, as reportagens da Pública foram republicadas por mais de 150 veículos estrangeiros.

Além disso, a partir de 2019 percebemos um aumento significativo de menções às investigações da Pública em veículos estrangeiros, sobretudo reportagens sobre ações do governo de Jair Bolsonaro. No ano seguinte, a Pública foi citada seis vezes pelo *New York Times*, um dos indicadores do impacto do nosso trabalho. Em 2021, criamos uma newsletter em inglês, a Investigating Brazil, que quinzenalmente resume nossas principais investigações para o público internacional, além de enviar as publicações mais recentes em inglês e espanhol.

Impacto é tudo

Comprometidos com a defesa dos direitos humanos, da democracia, da transparência dos órgãos públicos e das empresas, temos como grande ambição provocar mudanças reais na realidade, como investigações do Ministério Público Federal (MPF), audiências públicas no Congresso e mudança de legislação. Por isso, ao longo dos anos, desenvolvemos métodos para saber como circulam as reportagens da Pública e o impacto que causam.

Até pouco tempo atrás, esse também era um trabalho feito manualmente: buscávamos no Google trechos das reportagens para identificar as republicações. Esses dados eram registrados em uma planilha. Já as repercussões e os desdobramentos do conteúdo, como a abertura de investigações judiciais, eram registrados primeiro pela troca de e-mails, com informações obtidas nas redes sociais ou por editores e repórteres, depois através de um formulário que poderia ser preenchido por nossos repórteres.

No início de 2020, criamos uma ferramenta própria, que puxa dados da ferramenta de monitoramento BuzzSumo, que por sua vez rastreia menções à Agência Pública na internet. Além disso, a mesma ferramenta permite que toda a equipe inclua registros sobre desdobramentos das reportagens em nossa base, os quais também podem ser acompanhados na área logada do site. Esses registros são categorizados entre republicações e repercussões: menções a nossas reportagens na imprensa, sites, artigos científicos ou em documentos oficiais, como decisões jurídicas e audiências públicas no Congresso. Para nós, o impacto é o mais importante. Queremos que nossas matérias sejam discutidas de grupos de amigos em mesas de bar a tomadores de decisão como procuradores, juízes, deputados, senadores, CEOs, municiando o debate público com informações de qualidade.

Um exemplo recente de impacto foram as menções a nossas reportagens na CPI da Pandemia. Em maio de 2021, ouvimos o senador Renan Calheiros citar nossa investigação sobre a contratação de influenciadores digitais para promover o "tratamento precoce" (Fleck, Martins & Fernandes, 2021) contra a covid-19 e perguntar duas vezes ao depoente Fábio Wajngarten, ex-secretário de comunicação do governo: "Você conhece a Agência Pública?". Outras reportagens feitas por nossa equipe foram usadas para basear perguntas e discussões na comissão. No começo de julho, nossos repórteres Alice Maciel e Bruno Fonseca revelaram a atuação do reverendo Amilton Gomes e da Senah (Maciel & Fonseca, 2021), organização que ele preside, na negociação de vacinas com o governo federal. O reverendo foi convocado e depôs na CPI.

No relatório final da comissão, seis matérias da Pública são citadas para exemplificar ações e omissões do governo federal. As referências não são só às reportagens sobre a pandemia, como a que revela as discrepâncias entre o número de pessoas negras e brancas nos primeiros meses de vacinação (Muniz, Fonseca, Fernandes & Pina, 2021). Ao apontar o "anti-indigenismo" do governo Bolsonaro, o relatório menciona uma fala do antropólogo Eduardo Viveiros de Castro, em entrevista a nossos repórteres (Barros & Domenici, 2019). Três reportagens e entrevistas de nossa cobertura sobre a Amazônia estão entre as referências do relatório final (Quadros, 2020; Dolce, 2020; D'Osualdo & Oliveira, 2021).

Outros casos podem ser um pouco mais sutis que menções diretas como as que ocorreram na CPI da Pandemia, mas vão mudando o entendimento das pessoas sobre determinado tema. Em 2019 publicamos em parceria com a Repórter Brasil uma investigação que revelou a morte de meio bilhão de abelhas em três meses, devido ao uso de agrotóxicos (Grigori, Agência Pública; Repórter Brasil & Fonseca, 2019). A história teve ao menos setenta citações diretas em veículos e artigos, foi parar no verbete "abelhas" da Wikipédia e nas referências de um artigo publicado na *Nature*, uma das mais importantes revistas científicas do mundo. Isso contribuiu para difundir a informação de que agrotóxicos podem matar as abelhas, que por sua vez são fundamentais para a produção de alimentos. Foi essa a mensagem compartilhada pela cantora Anitta em seu Instagram ao usar uma fantasia de abelha no carnaval de 2020. Uma citação isolada pode não parecer uma grande coisa. É quando olhamos para o todo que percebemos o efeito das nossas investigações na sociedade.

Reportagens que denunciam violações de direitos humanos não podem ficar restritas a assinantes. Mas "furar a bolha", um clichê que sempre aparece nos papos sobre comunicação, não é fácil em um mundo hiperconectado e repleto de desinformação. Nem em um país onde os principais veículos de comunicação são controlados por alguns poucos grupos e financiados por grandes empresas. A Pública nasceu agência de jornalismo investigativo sem fins lucrativos para virar essa lógica do avesso.

3

Inovar não é opção, é obrigação

Natalia Viana

Quando a Pública foi lançada, os smartphones não eram comuns nas ruas do Brasil. As pessoas visitavam os sites a partir de computadores desktop, o Facebook não tinha impulsionamento de conteúdo nem havia aberto suas ações na bolsa de valores. O WhatsApp nem era usado por aqui. Ninguém falava em "jornalismo independente".

Parece que faz tanto tempo, mas a verdade é que a última década trouxe tantas mudanças que, ao dirigir a Agência Pública, sempre tivemos claro que a inovação deveria ser parte do DNA da organização. Ficar parado não era uma opção. No seu já clássico relatório "Breaking News: Mastering the Art of Disruptive Innovation in Journalism" [Notícias de última hora: a arte da inovação disruptiva no jornalismo] (Christensen, Skok & Allworth, 2012), publicado pelo Nieman Reports, o professor Clayton M. Christensen, da Escola de Negócios de Harvard, lembra que a grande vantagem das novas startups digitais é justamente carregar menos peso sobre os ombros:

> Os recém-chegados não estão sobrecarregados com os custos de administrar empresas tradicionais que eram totalmente normais no antigo mundo da imprensa. Em vez disso, eles investiram apenas nos recursos essenciais para a sobrevivência no novo mundo. Ao mesmo tempo, criaram uma demanda de mercado por meio do engajamento de novos públicos.

Ao *inventar* o que faríamos a seguir na Agência Pública, o grupo de jornalistas que se reuniu para tocar a organização foi criando também produtos, audiências, tecnologias sociais e digitais. E outras empresas nos seguiram. O que sempre ficou claro para nós, ao liderar esse processo, era que o jornalismo, em um momento de reinvenção, estava aberto à ousadia. Era preciso apostar, tentar coisas novas, errar, ver o que funciona.

Mas vale a pena lembrar, em especial para os estudantes e jovens profissionais, que para cada projeto que dá certo há pelo menos uns cinco que deram errado. Alguns eram, de fato, malucos demais para serem concretizados. Certa vez, por exemplo, pensei em transformar reportagens investigativas em exibições em museus, trazendo pedaços da história em objetos físicos que poderiam ser tocados pelos visitantes. Mas eu garanto que todas as ideias ficam anotadas em um caderninho (ou no celular, vá lá).

Jornalismo para a sociedade

Há um problema central quando se produz jornalismo investigativo: a sensibilidade das informações e do próprio tema em apuração. Muitas vezes não se pode compartilhar com seu leitor qual é o assunto investigado. Basta que um abusador sexual poderoso, por exemplo, saiba que a Pública o está investigando para que ele desapareça com todas as provas ou tente comprar o silêncio das vítimas. Então, em que momento se pode e se deve envolver o leitor para que ele tenha uma relação mais próxima com a Pública e com a nossa redação?

Era essa a questão que tínhamos em mente quando lançamos a campanha de financiamento coletivo (*crowdfunding*) Reportagem Pública, em 2013. Ali, criamos uma fórmula que repetimos depois. Os apoiadores receberiam por e-mail três propostas de pauta feitas pela nossa redação e poderiam votar na que deveria ir adiante. Tomávamos o máximo de cuidado em não compartilhar informações ou detalhes sensíveis, de modo a preservar a investigação. Foi a primeira campanha de financiamento coletivo para jornalismo do Brasil. O resultado foi muito bacana — tanto que repetimos a campanha em 2015 e 2017, sempre atingindo a meta, e conseguimos uma aliança até então completamente nova com o público. Me lembro de quando publicamos a reportagem "A Nova Roupa da Direita", de Marina Amaral (2015), sobre os movimentos que estavam surgindo na época, e um leitor nos defendeu de um troll que nos atacava no Facebook dizendo que éramos "vendidas" ao governo petista. "Quem paga a Pública sou eu e quem elegeu essa reportagem fui eu", escreveu o leitor.

Com o tempo, sentimos a necessidade de ampliar esse relacionamento com o nosso público mais fiel e tornar o programa de financiamento coletivo algo mais perene. Por isso, antes mesmo de lançar a campanha de apoio permanente — ou *membership*, como se diz internacionalmente, um programa no qual os leitores apoiam não para "comprar" conteúdo, mas para que ele seja produzido e espalhado —, decidimos que era essencial termos uma editora de audiências, focada em olhar, dialogar e atrair mais leitores para esse círculo íntimo de apoiadores que chamamos de "aliados".

Além de manter diálogo direto com os leitores, respondendo a dúvidas, críticas, elogios e sugestões, Giulia Afiune edita uma newsletter semanal em que um repórter conta os bastidores de uma grande matéria. Os "aliados" também escolhem todo mês uma personalidade que a nossa equipe deve entrevistar e mandam perguntas para o entrevistado da vez, o que também podem fazer em nosso podcast quinzenal, o Pauta Pública — 100% financiado por essas doações.

Conectada à comunidade jornalística

Não é só com o público que buscamos estabelecer novas conexões, mas também com a própria comunidade jornalística, como dissemos antes. Foi o que nos levou, em 2012, a criar o Concurso de Microbolsas de Reportagem. O formato aberto e transparente das microbolsas possibilitou à Pública formar parcerias com organizações da sociedade civil de grande reputação, como Greenpeace e Oxfam, mantendo completa independência editorial. Funciona assim: a direção da Pública faz uma pré-seleção, com base em critérios técnicos, das propostas enviadas por repórteres e a apresenta à ONG parceira, que nos ajuda a escolher os finalistas. Depois, o processo de investigação é coordenado pela Pública, sem qualquer intervenção do parceiro, que só pode ler as reportagens quando forem publicadas no nosso site.

As microbolsas nos permitiram encontrar uma safra de jovens jornalistas de todo o Brasil que se tornaram colaboradores próximos — alguns chegaram a integrar a equipe permanente, "estourando a bolha" que nos restringia ao mercado do Sudeste, obviamente o mais inchado do país. Outros acabaram lançando seus próprios projetos e ajudando a dinamizar o mercado como um todo.

Também foi a marca da colaboração que nos permitiu uma das inovações da Pública que mais influenciou a imprensa brasileira, a checagem de informações (*fact-checking*). Em outubro de 2013, durante a primeira edição do Prêmio Gabriel García Márquez de Jornalismo (Prêmio Gabo), na Colômbia, conheci a argentina Laura Zommer, fundadora do site Chequeado, pioneiro em checagem de fatos no continente. Imediatamente me interessei pelo formato, que permitia colocar jornalismo investigativo na cobertura quente, oferecendo informações precisas e elevando a qualidade do debate público (naquela época nem existia o termo "fake news", sendo o foco da checagem verificar se os candidatos estavam mentindo durante a campanha).

De volta ao Brasil, decidimos adotar a checagem na cobertura eleitoral de 2014. Juntamos ao modelo um toque de brasilidade e descontração, e assim nasceu o Truco, o primeiro projeto de checagem digital do Brasil, cujo lema era "Eles falam, nós checamos!". A ideia era aliar a classificação de falas de candidatos, verificando sua acurácia, com o jogo de cartas truco, o que permitia uma leveza ao classificarmos como verdadeiro ("zap"), questionável ("truco") ou falso ("blefe"). Laura Zommer foi uma grande aliada em todo o processo, opinando sobre o projeto em vários momentos.

Nas eleições seguintes, em 2016, várias organizações já faziam checagem, incluindo a Agência Lupa, fundada por Cristina Tardáguila, e Aos Fatos, fundada pela jornalista Tai Nalon. Coordenamos então a primeira experiência colaborativa de checagem do Brasil, reunindo quatro organizações para fazer um esforço conjunto durante as eleições estaduais. Nas eleições de 2018, com apoio do Google, o Comprova, uma coalizão com 24 veículos da imprensa nacional, entre eles *Estadão*, UOL, SBT e Bandeirantes, fez uma rede de checagem de fatos, tornando esse modelo ainda mais *mainstream*.

Cinco anos depois, a essência da checagem havia mudado. O bilionário Donald Trump fora eleito presidente dos Estados Unidos usando mentiras para disseminar o ódio e o pânico e criar dissenso entre grupos sociais, valendo-se das redes sociais para espalhar conteúdo desinformativo. Tornava-se mais relevante checar e desmentir as fake news, desinformações criadas e espalhadas com fins políticos, do que checar se alguns candidatos estavam sendo imprecisos em suas falas. Havíamos entrado na era do *debunking*, ou verificação.

Foi quando decidimos abandonar o esforço de checagem, que já estava sendo realizado por várias redações maiores que a nossa, e direcionar o foco para investigar as redes de desinformação.

Casa Pública, um centro cultural do jornalismo

Entre 2016 e 2019, funcionou um centro cultural no Rio de Janeiro que criamos para aliar jornalismo, tecnologia, arte, cultura, colaboração, parcerias transnacionais e interação com o público de maneiras novas. A Casa Pública, localizada em um casarão centenário em Botafogo, hospedou encontros marcantes. Foram, no total, 121 eventos reunindo cerca de cinco mil pessoas para debater questões essenciais para o jornalismo, com um olhar especial para o novo jornalismo digital. A proposta era dignificar o que estava sendo feito fora das grandes redações, acabando de vez com os preconceitos que ainda restavam na mídia tradicional. O fato de a casa ser localizada no Rio de Janeiro, sede do maior conglomerado de mídia do país, o Grupo Globo, tornava tudo mais simbólico. Recebemos alguns dos jornalistas mais influentes, tais como Dorrit Harazim, colunista do *Globo*, o estadunidense Simon Romero, do *New York Times*, o angolano Rafael Marques, Laura Zommer, Glenn Greenwald, fundador do Intercept, Rubens Valente, Elvira Lobato, Jonathan Watts, do *Guardian*, Marcelo Beraba, diretor da sucursal do *Estadão* em Brasília, Malu Gaspar, ex- jornalista da revista *piauí*, hoje com um blog no jornal *O Globo*, Claudia Antunes, editora de Mundo no mesmo jornal, entre outros. Os eventos eram transmitidos ao vivo via plataformas sociais, alcançando um público de mais de 240 mil pessoas.

No entanto, foram as trocas presenciais que permitiram à Casa Pública ser o epicentro de muitas invenções e encontros.

O *timing* ajudou, pois o espaço foi aberto em 2016, ano em que a cidade recebeu as Olimpíadas, atraindo os olhares do mundo todo para o Rio. Entre 2016 e 2018, fizemos editais para residências jornalísticas, nas quais repórteres de outros países receberam mentoria e ajuda da equipe da Pública para realizar suas pautas, sempre com foco em direitos humanos, nossa especialidade. Recebemos na Casa Pública 41 jornalistas de doze nacionalidades — do Quênia a Equador, França, Itália, Argentina e Peru.

Esses encontros na Casa Pública produziram uma espécie de *brainstorming* constante em busca de novas maneiras de contar histórias. Sistematizamos esse processo criativo nos chamados "LABs da Casa Pública", laboratórios de experimentação em jornalismo. Reunimos uma equipe multidisciplinar, com pelo menos dois ou três repórteres, um artista ou designer e um desenvolvedor. Dessa forma, o processo de investigação se desenvolvia ao mesmo tempo que a reflexão sobre sua forma final; um não existia sem o outro.

Uma das grandes reportagens multimídia resultantes desses LABs foi o projeto Especial 100, vencedor do Prêmio Vladimir Herzog em 2016. Partimos de uma pergunta complicada: O que aconteceu com aqueles que foram removidos de suas casas para dar espaço a obras ligadas à Copa do Mundo e às Olimpíadas do Rio? Não havia um registro do destino dessas famílias nem mesmo um número oficial de quantas pessoas foram realocadas. Uma estimativa realizada pelo Comitê Popular da Copa e das Olimpíadas identificou 2.548 famílias removidas por apenas três obras. Decidimos então ser ousadas e buscar uma amostra significativa do total (cerca de 4%), ou seja, ouvir cem delas.

Logo de cara ficou claro que os registros teriam de ser feitos em vídeo (pelo celular) — ou em áudio com fotos, que depois seriam convertidos em vídeos. Do lado da reportagem, uma equipe de jornalistas da Pública — Giulia Afiune, Mariana Simões e Jéssica Mota — assumiu a tarefa de visitar diversas vezes as moradias populares na periferia do Rio, em especial na zona oeste, para ouvir e registrar as histórias dessas famílias. Tivemos ainda a ajuda de dezenove alunos da ESPM Rio. Os intrépidos estudantes aprenderam em pouco mais de duas semanas como fazemos reportagens: com os pés na rua. O resultado foi o mais extenso levantamento já feito com vítimas de remoção durante os megaeventos. Uma base de dados, viva e interativa, usada por outros jornalistas e pesquisadores por conter registros primários de uma realidade que é, ao mesmo tempo, local e absolutamente global.

Rastreando o trajeto de deslocamento de cada família entrevistada, também chegamos a uma conclusão aterradora: a enorme maioria dos removidos foi transferida para condomínios na zona oeste controlados por milícias. Os moradores tinham medo de dar entrevistas e falavam da milícia de maneira velada, reclamando que "não há mais tanta liberdade" ou "tem gente demais querendo mandar aqui". Assim, registramos o inchaço das áreas milicianas que colaborou para a expansão do poder político desses grupos.

O projeto Especial 100 tinha ainda elementos off-line que o tornaram um verdadeiro projeto transmídia, como uma exposição na Casa Pública que reunia fotografias, objetos impressos com imagens das demolições e até um muro feito com tijolos. O leitor lembrou-se daquela proposta de fazer uma exposição de arte que contasse uma história jornalística, descrita no começo deste capítulo? Viu como nenhuma ideia deve ser esquecida?

Após o fechamento da casa, passamos a olhar a tecnologia não mais como um objeto de experimentação, mas como uma ferramenta para resolver problemas concretos. Um exemplo é o Robotox, um robô que lê diariamente o Diário Oficial da

União para verificar se algum novo agrotóxico foi aprovado pelo governo federal e usa sua conta no Twitter para avisar aos brasileiros sobre os novos pesticidas na praça, em quais lavouras serão usados e qual o nome da fabricante. O robozinho, uma parceria com a organização Repórter Brasil, se tornou referência para jornalistas e pesquisadores no governo de Jair Bolsonaro, que aprovou mais de mil novos agrotóxicos para comercialização em seus dois primeiros anos.

Tamo junto

O período de efervescência da Casa Pública também coincidiu com a consolidação do campo do jornalismo independente digital. Em 2017, em parceria com outros veículos, criamos o Festival 3i — jornalismo inovador, inspirador e independente —, para reunir iniciativas que estão renovando o jornalismo no Brasil e no continente. Com curadoria coletiva, o festival trouxe um "refresco" para jovens jornalistas, cansados da cantilena sobre a crise dos meios tradicionais. Agência Lupa, Agência Pública, Projeto #Colabora, Congresso em Foco, Énois, Jota, Marco Zero Conteúdo, Nexo, ((o))eco, Poder360, Ponte Jornalismo e Repórter Brasil provaram que havia muito a se inventar no jornalismo on-line — era só olhar pra quem estava criando.

Cinco anos depois do primeiro festival, lançamos, junto a outras trinta startups de jornalismo, a Associação de Jornalismo Digital (Ajor), a primeira no país a reunir sites independentes para fortalecer essa indústria nascente.

A consolidação dessa comunidade também permitiu outras iniciativas, ainda mais complexas e inventivas, como o projeto Reload, vencedor do Desafio de Inovação da Google News

Initiative em 2019, um canal de jornalismo para jovens com conteúdos no Instagram, no Youtube, no Twitter e no TikTok feito com as organizações que produziram juntas o Festival 3i.

Como os jovens consomem notícias? A partir desse questionamento, investimos em pesquisas qualitativas e quantitativas sobre como a informação faz parte do mundo dos jovens urbanos brasileiros. Descobrimos que 75% dos respondentes usam a internet diariamente para se informar. As redes sociais são a principal fonte de notícias para 91% desses jovens. Para 70%, o Instagram é a principal rede usada para se informar.

Essas pesquisas levaram a equipe do Reload — composta por profissionais de vídeo e jornalistas de todas as dez organizações — a pensar em formato e linguagem inovadores, como histórias em quadrinhos, poesia slam e lyric videos, clipes em que a letra é exibida em sincronia com a música. Os temas vão desde questões indígenas até trabalho escravo, violência policial, questão de gênero e, claro, o Enem. Os apresentadores são jovens de vinte e poucos anos, ávidos por informação, alguns deles os primeiros da família a chegarem à universidade, graças ao Prouni e às cotas, oriundos de diferentes regiões do país, com trajetórias e etnias diversas. Uma amostra dos milhões de brasileiros que não sabem direito como ou onde se informar, para quem o jornalismo tradicional soa pedante, distante, incompreensível.

Acredito que é dever dos jornalistas invadir esses espaços para que os futuros adultos estejam preparados para combater a desinformação criminosa que prolifera nas redes sociais. Para isso, devemos explorar todos os mecanismos, formatos, linguagens e modelos possíveis. Como eu disse no começo deste capítulo: para quem quer transformar o jornalismo brasileiro — e defender a nossa democracia — inovar não é uma opção, é obrigação.

4

Uma década de cobertura de gênero

Andrea Dip

O ano era 2011 e eu tentava atravessar a intersecção da rua Augusta com a avenida Paulista, em um domingo, bem no momento que três manifestações se encontravam espontaneamente. Se não me engano, uma era a caminhada de mulheres lésbicas e bissexuais, a outra era a marcha pela descriminalização da maconha e a terceira tinha a ver com um encontro de cosplayers. Outros tempos que, apesar de estarem dez anos no passado, parecem fazer parte de um Brasil utópico futuro diante de um projeto de governo tão reacionário como o de Bolsonaro, em que lutas por direitos básicos tiveram de voltar à pauta.

Me lembro que o encontro virou um caos muito animado e que avistei de repente a Natalia Viana, também pega de surpresa, rindo e achando aquilo ótimo. Ela tinha acabado de voltar da Inglaterra com o Cablegate e fundado a Agência Pública, junto da Marina Amaral e da Tatiana Merlino, e eu tinha acompanhado, como amiga, um pouco da luta dessas bravas mulheres para colocar aquele projeto pioneiro de pé. A fundação da Pública (no dia do meu aniversário, 15 de março) me emocionava muito, por ser a primeira agência de jornalismo independente, investigativo, sem fins lucrativos no Brasil e ainda uma iniciativa criada e dirigida por mulheres. Não existia nada parecido.

Na época, eu estava bastante frustrada com meu trabalho em um portal de notícias, empurrando os dias para pagar as contas, mãe solo com filho pequeno, encaixando frilas de reportagens na rotina para não deixar o jornalismo morrer de vez em mim. E aquele dia incomum, que eu lembro como "o dia dos três atos", mudaria tanta coisa.

Alguns segundos depois de Natalia e eu nos encontrarmos, avistamos mais dois amigos jornalistas, que não estavam juntos nem se conheciam, e entendemos o claro recado do universo: fomos todos para um bar.

Enquanto conversávamos sobre o futuro e as mazelas do jornalismo — não necessariamente nessa ordem —, recebi um telefonema, dizendo que meu pai havia sido preso em Angola. E só. Sem mais detalhes. Bem, estávamos ali em quatro jornalistas e naturalmente começamos a fazer ligações e pesquisas "direto da mesa do bar". Não me lembro exatamente como, mas conseguimos descobrir o que havia acontecido: meu pai tinha sido vítima de um golpe por parte da empresa que o levou para trabalhar como arquiteto no país africano. Resumindo o caso, alguns dias depois ele foi solto, deixou a empresa e voltou ao Brasil.

Naquele domingo inusitado, a Natalia me convidou para um mutirão de repescagem dos documentos do Cablegate. Durante três dias, estivemos em quinze repórteres em uma pequena sala da bela vila de casas na Santa Cecília, cavando mais de 2.500 documentos obtidos pelo WikiLeaks. Dali saíram cinquenta reportagens inéditas sobre documentos diplomáticos envolvendo o Brasil, que foram publicadas na jovem Agência Pública, e aquele jornalismo inovador, potente, investigativo e independente me carregou também.

Jornalismo feminista

É imprescindível dizer que em 2011 não se falava em jornalismo feminista no Brasil. Qualquer aceno nesse sentido era visto como "parcial", "militante" ou "limitante", simplesmente não era levado a sério, olhado de maneira condescendente por parte dos colegas (majoritariamente homens brancos cisgênero) que achavam que havia "temas mais importantes" a se discutir nas páginas dos jornais. Havia revistas que por vezes traziam reportagens relevantes, sendo elas "femininas", não feministas.

Uma nova onda de luta por direitos relacionados a questões de gênero começava a se levantar no mundo, e o Brasil havia acabado de eleger a primeira mulher presidente da história do país, Dilma Rousseff, que por sua vez nomeou mais nove mulheres ministras. O aborto em caso de violência sexual ou risco de vida para a mulher já era permitido desde a década de 1940 no país, mas em 2012 o STF determinou que a gravidez poderia ser interrompida também em caso de anencefalia do feto. Ainda em 2011, uma portaria do Ministério da Saúde estabeleceu a Política Nacional de Saúde Integral LGBT, com o objetivo de promover a saúde e instituir mecanismos de maior equidade para essa população no Sistema Único de Saúde (SUS). Depois viriam a permissão da adoção de crianças por casais homoafetivos, a resolução do Conselho Nacional de Justiça (CNJ) que determinou a proibição de se recusar habilitar ou celebrar o casamento civil entre pessoas do mesmo gênero, o direito ao nome social, o direito à cirurgia de redesignação sexual e várias outras conquistas pelas quais alguns grupos lutaram muito.

Ainda assim, havia muita história para contar. O Brasil já ocupava os primeiros lugares nos rankings de violência doméstica, violência contra LGBTQIA+, mortes por abortos inseguros, violência sexual contra crianças e adolescentes, desigualdades de gênero com relação ao acesso ao trabalho e salários, altos números de estupros e feminicídios, e havia muitas vezes uma cobertura, se não desinteressada ou inexistente, bastante equivocada sobre esses temas. Como esquecer, por exemplo, a forma como a mídia cobriu o assassinato e a ocultação do corpo de Eliza Samudio em 2010?

Existia uma lacuna a ser preenchida, e se definir como jornalismo feminista — algo que aconteceu de maneira natural e orgânica durante os primeiros anos da Pública — mudava o jogo porque significava não apenas falar sobre esses temas, mas tratá-los de maneira apropriada, contextualizando, discutindo machismo estrutural, abordando as pessoas de forma cuidadosa e com respeito e, sobretudo, trazendo a intersecção da pauta de gênero sempre, independentemente de qual seja.

Muitos momentos nesses dez anos cobrindo questões de gênero na Pública me marcaram, mas dois em especial mostram como é importante ter jornalistas mulheres à frente dessas pautas e das denúncias de violação de direitos nas mais diferentes esferas.

A sugestão veio em uma conversa com Marina Amaral, ainda na pequena salinha da Pública na Casa da Cultura Digital, em 2013: "Por que você não faz uma reportagem sobre violência obstétrica?". Eu topei sem saber muito do que se tratava. Quando comecei a pesquisa e fiz as primeiras entrevistas, descobri que o que eu tinha experienciado durante o parto, e que guardei por tanto tempo dentro de mim sem saber nomear, tinha um nome que começava com "violência", tinha padrões, recortes, e, principalmente, era o que muitas mulheres passavam todos os dias.

Durante esse processo de descobrimento da reportagem e revolução interna — algo bastante comum a mulheres que cobrem questões de gênero, como eu aprenderia no caminho — decidi, com apoio da Marina como editora, contar também a minha experiência com a violência obstétrica.

Como jornalistas, aprendemos que devemos ser "distantes", "imparciais", mas tenho entendido cada vez mais, cobrindo direitos humanos e questões de gênero, que não há como não se posicionar diante de injustiças sociais, e que o mais honesto a se fazer é contar a história toda, aprofundada, trazer informação de qualidade e dizer de onde ela veio. Buscar as fontes primárias de dados, e se for preciso se misturar na história, deixando isso claro para o leitor.

A matéria ficou entre as mais lidas e repercutidas na Pública durante muitos anos e realmente pautou o debate público sobre o tema. A Pública passaria a ocupar esse espaço de um olhar cuidadoso, embasando denúncias e nomeando as violências — algo essencial não apenas para que as pessoas possam se organizar socialmente mas também para os processos de elaboração internos das próprias vítimas.

Outra coisa muito importante para nós nesses dez anos, e não apenas na cobertura de gênero, tem sido fazer uma escuta respeitosa e não revitimizante de pessoas em situação de vulnerabilidade. Não se trata de caçar histórias tristes para gerar mais audiência ou explorar a dor do outro como caça-cliques. Por isso as violações de direitos humanos são sempre puxadas para dentro de um contexto estrutural.

Gênero, religião, política

Essa cobertura constante dos temas de gênero também foi estabelecendo conexões com outros assuntos. Em 2015, ano em que milhares de mulheres foram às ruas no mundo todo em manifestações espontâneas reivindicar direitos, em um movimento que ficou conhecido como Primavera Feminista, o caldo fervia no Brasil. A bancada evangélica ganhava poder e espaço no Congresso Nacional, principalmente a partir da figura de Eduardo Cunha, então presidente da Câmara, que estava com o pedido de impeachment da presidenta Dilma em mãos e era defensor de pautas reacionárias, como o Estatuto do Nascituro, que prevê direitos ao ser humano concebido, mas ainda não nascido, e um valor mensal para que as vítimas de violência sexual mantenham a gravidez, o que ficou conhecido como "bolsa estupro". O projeto segue em tramitação e tem como principal defensora Damares Alves, pastora e ministra do Ministério da Mulher, Família e Direitos Humanos do governo Bolsonaro.

O fato é que o caldeirão fervia com as ameaças de impeachment, a apropriação de insatisfações populares que tomaram as ruas em 2013 por parte de figuras de extrema direita e a Lava Jato, e esses representantes do extremismo evangélico ganhavam centralidade no debate. Por isso, em uma reunião de pauta, surgiu a ideia de investigar os pastores que eram parlamentares no Congresso, e fui a Brasília fazer a reportagem que traria mais uma linha de investigação para a Pública: a do avanço dos fundamentalistas evangélicos na política nacional e latino-americana. Nunca vou me esquecer do dia que me sentei em uma sala do plenário da Câmara e assisti a um culto evangélico com políticos e celebridades do mundo gospel. Eduardo Cunha estava sempre ao centro, conduzindo os rituais e as orações. A partir desse dia começamos a acompanhar esses atores e a investigar as conexões entre eles e a política nacional, o projeto de poder e as reiteradas ofensivas antigênero que têm aumentado sobretudo durante o governo Bolsonaro. Em 2020, essas investigações se ampliaram para os extremistas evangélicos e os grupos antidireitos ultraconservadores, sua atuação durante a pandemia de covid-19 e as alianças que se formam entre evangélicos e católicos na defesa de pautas morais bastante instrumentalizadas pela extrema direita no mundo todo — aliança que se mostra no próprio Ministério da Mulher, Família e Direitos Humanos, entre Damares e Angela Gandra, secretária nacional desse órgão, vinda de uma tradicional família católica ligada ao Opus Dei. Em 2021, é impressionante acompanhar a diplomacia brasileira tomando a frente em fóruns internacionais de agenda antidireitos e se aliando a países como Polônia, Hungria e Rússia.

"Fugi e fiquei viva, minha filha enfrentou e morreu"

Outra reportagem que me marcou bastante nesses dez anos também veio desse olhar contínuo para a violência de gênero.

O ano era 2017, e eu estava tomando um café na esquina da minha casa. Na televisão ligada em um programa matinal, Bruno Fernandes das Dores de Souza, o "goleiro Bruno", acusado de matar e ocultar o cadáver da modelo e mãe de seu filho, Eliza Samudio, alguns anos antes, dava entrevista sorridente, com discurso religioso, dizendo que havia sido solto por uma liminar e já tinha conseguido contrato com um time para voltar ao futebol. Comemorando sua saída, fãs do ex-jogador do Flamengo apareceram vestidos de cachorro, em alusão à suspeita de que Bruno havia alimentado seus cães com os restos mortais de Eliza.

Assistindo àquilo, me lembrei de como o crime ganhou atenção da mídia e da sociedade na época, um tanto por causa dos personagens — um jogador de futebol famoso, goleiro titular do Flamengo, uma modelo, fã de futebol, que havia participado de filmes adultos, um amigo obcecado, um ex-policial sanguinário, ex-esposas e namoradas — e outro tanto pela crueldade do crime: sequestro, assassinato a sangue-frio e ocultação do corpo, provavelmente esquartejado e jogado aos cães do executor. A opinião pública se dividiu entre os que achavam que Eliza não passava de uma "Maria chuteira", uma atriz de filmes pornôs que só queria se aproveitar da fama e do dinheiro do "talentoso jogador" e, portanto, "merecia" morrer; e os que viram em Bruno um "monstro", um "assassino calculista", alguém à margem da sociedade. Não se falava em feminicídio ou no fato de o Brasil ocupar um lugar entre os países mais violentos para as mulheres. Nas filmagens do julgamento veiculadas pela televisão, Sonia, mãe de Eliza, aparecia repetidas vezes chorando. Seu papel para a imprensa era o de mãe inconsolável da vítima.

No dia do meu aniversário naquele ano, peguei um avião com o fotógrafo José Cícero e fomos encontrar a dona Sonia, que cuida do neto, Bruninho, em uma cidade que não divulgamos para proteger sua identidade. Queríamos de fato escutar o que ela tinha a dizer.

Passamos alguns dias relendo os processos em uma sala com pastas do chão até o teto e ouvindo a mãe de Eliza contar não apenas sobre a dor de nunca ter podido enterrar o corpo da filha ou sobre como foi difícil ter acompanhado todo o processo de difamação da moça, mas também que ela própria havia passado por situações de violência doméstica e abusos de certa maneira parecidos. Em uma das conversas, ela disse a frase que seria o título da matéria: "Fugi e fiquei viva, minha filha enfrentou e morreu" (Dip, 2017).

Essa reportagem me marcou muito porque a história de Eliza e de sua mãe é um exemplo da misoginia dentro do jornalismo, derruba o mito do monstro assassino — já havíamos feito outra matéria na mesma linha (Barros, 2016) — e coloca o crime horrendo no lugar dele: um feminicídio dentro de uma história geracional e estrutural de violência de gênero.

Desde 2011 falamos sobre aborto, violência sexual contra crianças e adolescentes, encarceramento feminino, violência de gênero nas ruas das cidades, assédio no trabalho, nas propagandas, grupos de homens treinados para serem predadores, tráfico de meninas para a exploração, violência doméstica e violência contra pessoas trans. Cobrimos as inúmeras tentativas desse e de outros governos em retroceder com direitos da população LGBTQIA+, entrevistamos mulheres incríveis como Silvia Federici, Patricia Hill Collins e as do coletivo periférico Fala Guerreira, mostramos a luta das mães por justiça para seus filhos assassinados pela polícia, jogamos luz sobre as terapias de conversão sexual que acontecem dentro de espaços religiosos, investigamos e refutamos teorias absurdas como a de Damares Alves de que o alto índice de violência sexual contra meninas no Marajó era por "falta de calcinha".

O governo mudou nesses dez anos, e a maneira de fazer jornalismo precisou acompanhar. O que vivemos no país enquanto escrevo este texto, sob o governo Bolsonaro e uma grave crise sanitária, ameaça não apenas os direitos de mulheres e LGBTQIA+ e a própria democracia, como também agrava as injustiças sociais de todas as maneiras. As campanhas de desinformação crescem de forma acelerada, assim como o ataque a jornalistas (especialmente mulheres), professores, defensores de direitos humanos e ativistas. Vivemos tempos em que há muito a dizer e muito ruído. Acompanhamos a tentativa de descredibilização da imprensa ao mesmo tempo que o jornalismo independente se torna cada vez mais necessário por não ter amarras.

Pautar as questões de gênero segue sendo algo urgente, à medida que os números da violência crescem, as políticas públicas são desmontadas e os projetos de lei ameaçam acabar com os poucos direitos conquistados. Mas não estamos sozinhas no front, caminhamos ao lado de outros veículos independentes que têm olhado para essas questões de maneira incansável e fortalecemos umas às outras. É um orgulho imenso fazer parte desta história.

5

Uma floresta de complexidades

Ciro Barros

Lembro do dia que presenciei uma das primeiras reuniões preparatórias para o Amazônia Pública, o primeiro especial sobre a Amazônia realizado pela agência. Recém-chegado de uma experiência um tanto frustrada no jornalismo esportivo, trabalhava para dar conta de apurar dados acerca das violações de direitos humanos durante os preparativos para a Copa do Mundo de 2014 no blog Copa Pública. Mas não pude deixar de ouvir a discussão sobre um projeto que mudaria a cobertura dessa imensa porção do Brasil por parte da mídia independente. E a minha trajetória profissional.

O que faltava de espaço na sala sobrava em talento. A Pública ocupava pouco mais que um cômodo de doze metros quadrados completamente tomados por uma enorme mesa de madeira onde nos acotovelávamos para trabalhar. Ali estavam Marina Amaral e sua sólida experiência jornalística, Natalia Viana e seu tino único para tirar coisas do papel, Spensy Pimentel, profissional com uma combinação raríssima de profundidade acadêmica, sobretudo na antropologia, e cancha em reportagem, e Ana Aranha, repórter brilhante que hoje desempenha um trabalho da maior importância na Repórter Brasil.

O papo me fascinava. Eu estava acostumado àquela coisa de escrever para fechar jornal. "Solta logo essa nota!", "Oito e meia já, tem que fechar! Tá achando que é Machado de Assis? Vai ganhar o Pulitzer com essa notinha aí?". Naquela mesona, o trabalho era muito mais artesanal, de menor alcance, mas com muito mais coração. O brilho nos olhos era visível: havia uma vontade genuína de fazer a melhor cobertura possível dos temas urgentes naquele momento.

Era 2012. Outros tempos, outro mundo até. Vivíamos o governo de Dilma Rousseff (PT), apelidada de mãe do Programa de Aceleração do Crescimento (PAC), e grandes obras públicas eram financiadas a juros irrisórios pelo Banco Nacional de Desenvolvimento Econômico e Social (BNDES), muitas delas inclusive na Amazônia. O primeiro especial da Pública, batizado de Amazônia Pública (2012), focou justamente o impacto das grandes obras que estavam sendo erguidas a toque de caixa em três regiões emblemáticas da Amazônia: a Serra dos Carajás e as bacias dos rios Madeira e Tapajós. Em pauta, grandes projetos de mineração e usinas hidrelétricas que ainda afetam de forma decisiva as populações amazônicas, principalmente as indígenas e ribeirinhas.

O especial foi um marco para a Pública, para mim e para a imprensa. Ali ficou demonstrado que um veículo de comunicação independente poderia matar no peito a missão de encarar uma cobertura repleta de complexidade, com rigor e excelência. A ideia era fazer um trabalho com o pé fincado na defesa dos direitos humanos, com reportagens de campo, mesmo com recursos escassos, confrontadas com dados e documentos.

Acho que esse foi o ponto de inovação em relação ao material já existente sobre a Amazônia. Embora houvesse grandes jornalistas, referências para nós, como Lúcio Flávio Pinto e Eliane Brum, com uma visão complexa sobre o tema, em geral a imprensa separava a questão ecológica da gama de conflitos humanos que a Amazônia abriga. O investimento do Estado nos grandes projetos de infraestrutura, por exemplo, era questionado de um ponto de vista estritamente orçamentário, deixando de lado o grande impacto socioambiental, como se as populações atingidas fossem meras notas de rodapé de um projeto de desenvolvimento, também não discutido.

Desde o primeiro projeto (foram quatro, de 2012 até agora) a cobertura da Amazônia na Pública entrelaçou os aspectos ambientais e socioeconômicos, sem dividir essa complexidade em várias caixinhas ou tratá-la como "pauta especial". O que nos move é a necessidade de puxar o leitor pelo braço e dizer: "Olha só, esses conflitos na Amazônia são histórias fundamentais do nosso tempo, e eu vou te mostrar por quê".

O trabalho com a Amazônia também me transformou como repórter, assim que vi o primeiro especial dessa série de pé. Era a materialização de tudo que eu queria fazer na profissão desde que trabalhava com jornalismo esportivo, buscando o nexo das questões sociais com a economia. Até hoje é um retrato do Brasil daquele tempo, um país de atividade econômica aquecida, com obras brotando em todo canto, comandado por um governo de esquerda empenhado em um projeto desenvolvimentista mouco em relação às demandas dos povos tradicionais, que ganhavam cada vez mais tração na internet e nas redes sociais. Ali também se apresenta o quadro perene de extração predatória de recursos (como o minério de ferro, o ouro e a água para produção de energia, por exemplo) para servir a interesses alheios aos da população amazônica.

Aquilo fervilhou na minha cabeça. Era para fazer um trabalho daqueles que eu queria estar na Pública. Outro especial, BNDES na Amazônia (2013), feito pouco depois em parceria com o portal ((o))eco, também me impressionou. Focado no financiamento estatal de obras públicas de infraestrutura sediadas na Amazônia, os repórteres Bruno Fonseca e Jéssica Mota não apenas levantaram dados e contratos das obras financiadas, como discutiram tecnicamente sua relevância (ou não), levantaram o número de mortes nos canteiros, foram atrás de ações relativas a questões socioambientais movidas pelos Ministérios Públicos e incluíram a discussão do financiamento de empresas brasileiras para obras em outros países (que ganharia importância com a Lava Jato). Está tudo lá. Belo Monte, o símbolo maior desse período, aparece com grande destaque.

Esse apreço à apuração minuciosa me encantava. Estava ansioso por uma oportunidade de mostrar serviço em campo, de ajudar a construir essa cobertura que, como leitor, eu achava incrível. A oportunidade veio em 2016, no especial Amazônia em Disputa, quando analisamos a atuação de três órgãos socioambientais do governo federal: o Serviço Florestal Brasileiro (SFB), o Instituto Nacional de Colonização e Reforma Agrária (Incra) e a Fundação Nacional do Índio (Funai).

Dividimos a apuração em duas etapas: primeiramente um trabalho voltado ao jornalismo de dados e, em uma segunda fase, a apuração de histórias em campo. Me orgulho muito do trabalho que foi feito ali. Nessas etapas, demos muitas bolas dentro. Com os dados, antecipamos fatos que se tornaram tendências nos anos seguintes: o uso do Cadastro Ambiental Rural (CAR), então uma demanda de ambientalistas, para controlar o território desmatado, se tornaria ferramenta para a grilagem de terras (uma discussão então incipiente na academia e que ainda engatinhava na imprensa); o abandono das ações de fiscalização em terras indígenas por parte da Funai, estrangulada pela redução do orçamento; e o desmatamento explosivo em assentamentos "de papel" criados pelo Incra, sem o menor zelo pelas políticas públicas de reforma agrária, levando à reconcentração de terras (novos latifúndios que surgiram em terras teoricamente destinadas a pequenos lavradores).

Em campo, fizemos também alguns golaços. O repórter Lucas Ferraz escreveu uma alentada matéria sobre a retirada de não indígenas da terra Marãiwatsédé, um passivo do Estado brasileiro com os Xavante que se arrastava desde a ditadura militar, e trouxe de quebra uma linda entrevista com Dom Pedro Casaldáliga (Ferraz, 2016). Tomás Chiaverini e Ana Mendes fizeram um texto e um vídeo poéticos para contar a história do acordo entre indígenas e quilombolas de Oriximiná (PA) para garantir seus direitos frente ao projeto de construção de uma hidrelétrica pelo governo federal e a extração desenfreada de bauxita (Chiaverini & Mendes, 2016a; 2016b). Coube a mim e ao repórter fotográfico José Cícero da Silva a missão de contar a história de um dos mais sangrentos conflitos agrários em curso no país até então, assim classificado à época pela Comissão Pastoral da Terra (CPT) e pela Ouvidoria Agrária Nacional do Incra, no Complexo Divino Pai Eterno, uma fazenda de mais de nove mil hectares em São Félix do Xingu, no Pará (Cícero & Barros, 2016). Chegamos ali poucos dias depois do assassinato de Ronair José de Lima, principal liderança de uma ocupação de agricultores que reivindicava a destinação daquelas terras à reforma agrária.

Foi quando estive frente a frente com a realidade áspera da grilagem de terras pela primeira vez, o uso da pistolagem como forma de intimidação em conflitos agrários, a impunidade dos assassinatos no campo especialmente naquela parte do país (o chamado "bico do papagaio", na região do Araguaia, fronteira do Pará com o Tocantins), o completo abandono das populações camponesas. Na fase mais intensa do campo, quando visitamos a ocupação da fazenda, não consegui dormir pela ansiedade de fazer uma boa investigação e pela dificuldade de digerir aquela realidade triste e violenta, enquanto enfrentávamos uma situação de risco, inerente a esse tipo de trabalho. Foi um batismo de fogo. Lembro do quanto chorei ao lado do José quando saímos da ocupação. Um inesquecível curso intensivo de jornalismo em campo.

Foi durante o Amazônia em Disputa que Thiago Domenici chegou para organizar de vez a cobertura da Amazônia na Pública. Ele veio num momento delicado, quando ainda não tínhamos conseguido definir muito bem a cara daquele especial e ainda não sabíamos como executar essa proposta de unir o jornalismo de dados e o campo. Thiago pôs a bola no chão: com um talento nato para a liderança e a cabeça arejada de quem assume um novo desafio, ele escutou todas as dificuldades da equipe, conversou muito, fez ótimas sugestões e conseguiu traçar o encaminhamento de um projeto que demorava para engrenar naquele momento. Tudo com muito diálogo, muita leveza e muita organização. Não foi fácil: a cobertura envolveu muitos profissionais de dentro e de fora da Pública, mas Thiago jogou em todas as posições. Editou, escreveu, coordenou as artes e a parte visual do projeto, chefiou reportagem, em suma, regeu toda a orquestra de profissionais envolvidos como um verdadeiro maestro. Não à toa, o excelente trabalho realizado o gabaritou e, hoje, falar de Amazônia na Pública é falar do Thiago. De lá pra cá, ele coordenou todos os outros projetos subsequentes nesse segmento, sempre demonstrando a mesma versatilidade e competência. Nesse meio-tempo, ele já fez reportagens em campo, editou muitas matérias e seguiu organizando e dando o tom da cobertura. Não à toa também, por todas essas qualidades, ele subiu ao posto de diretor da Pública.

O projeto seguinte, batizado de Amazônia Resiste (2018), focou exclusivamente os povos indígenas e foi feito em vídeo. Para mim, teve um bônus: me deu a oportunidade de fazer um trabalho em campo com um grande jornalista e um irmão de vida, Iuri Barcelos. Testemunhamos juntos o legado catastrófico da construção da usina hidrelétrica de Belo Monte, uma tragédia para as populações indígenas e um grande mico em termos de corrupção, modelo de geração de energia e impactos socioambientais. É uma das obras mais paradigmáticas do nosso tempo, como bem descreveu

Eliane Brum. Tive a oportunidade de conhecer de perto a realidade dos Arara, na Terra Indígena Cachoeira Seca, uma das mais desmatadas do país naquele momento, vítima de um assédio ferrenho de criminosos ligados à extração ilegal de madeira e sede de mais um compromisso descumprido do Estado brasileiro: a desintrusão da área, uma das condicionantes para a construção de Belo Monte.

Há vários outros trabalhos marcantes nesse especial. Anna Beatriz Anjos encarou a espinhosa discussão sobre a produção de soja em terras indígenas a partir do caso dos Paresí, que teria tantos desdobramentos no governo Bolsonaro (Anjos, 2018). Jessica Mota acompanhou a autogestão de segurança dos Ka'apor, no Maranhão, que enfrentavam sozinhos as invasões do crime organizado às suas terras (Mota, 2018). Naira Hofmeister e José Cícero da Silva mostraram a resistência histórica dos Xikrin contra a destruição do rio Cateté, ameaçado há décadas pela mineração da Vale (Hofmeister & Cícero, 2017). Sofia Amaral e André Oliveira, que fizeram toda a programação do projeto, também trouxeram vídeos sensíveis sobre a juventude indígena, sobre legado, resgate de identidade étnica e novas temáticas, como as pautas LGBTQIA+. Dois desses vídeos foram premiados nesse projeto, que se constituiu em um grande documento sobre a situação dos povos indígenas, respeitando sua condição de protagonistas de suas histórias. Em vez de apresentá-los como vítimas passivas, como acontece tanto na imprensa, optamos por enfocar a resistência dos indígenas face à opressão e à violência.

Com o agravamento dos conflitos no campo, em 2019, foi lançado o Amazônia sem Lei (2019-2020), que seguiu investigando os crimes e tensões na região. Entre as diversas denúncias de disputas agrárias, que continuam derramando sangue indígena e de outros povos tradicionais, também mostramos os vilões, como o madeireiro Chaules Volban Pozzebon, considerado o maior desmatador do Brasil, que contou aos repórteres Julia Dolce e José Cícero como funciona a economia suja da Amazônia (Dolce & Cícero, 2019). No famigerado "Dia do Fogo", já sob o governo Bolsonaro, eu estava em campo, cobrindo os incêndios em um dos assentamentos mais vilipendiados pela violência da exploração madeireira. Uma frase simboliza essa cobertura, dita pela líder comunitária Maria Márcia Elpídia de Melo, ao contar o martírio que passava em sua vida devido à resistência à exploração do Projeto de Desenvolvimento Sustentável em que mora. "Eu sei que eu vou morrer, só não quero que matem meu filho" (Barros, 2019).

Vejo com alegria que nesses dez anos ganhamos a companhia de outros veículos na cobertura da Amazônia. Espero que o rigor e a complexidade na apuração de fatos dessa enorme porção do Brasil continuem transbordando para outras iniciativas jornalísticas, e que muitos colegas possam tomar o mesmo banho de Brasil que tomei, com muita humildade, desde que pus os pés na Amazônia. O mundo todo se preocupa com o que se passa nessa região crucial para o equilíbrio do planeta, sobretudo com o agravamento das mudanças climáticas. Mas não vamos repetir os erros do passado e esquecer que a floresta só está de pé porque tem gente que sabe viver nela. Tenho certeza de que a cobertura da Pública é uma contribuição fundamental para que essa noção se consolide na imprensa e na sociedade brasileira.

6

Contar histórias e fazer contas: jornalismo com números, dados e pessoas

Bruno Fonseca

Meu avô era vendedor de pequenas coisas pelo interior do Brasil: fubá, cachaça, prego, vassoura, sabão. Fosse a estrada de terra ou de ferro, ele pegava jipe ou trem por dias, semanas a fio, em uma romaria mineira com prazo indefinido e destino incerto.

Diz meu pai — que o acompanhou ainda criança em algumas dessas andanças pelos sertões de Minas e da Bahia — que os números guiavam o trajeto. Afinal, meu avô era caixeiro-viajante, um andarilho cujo caminho não era contado nos quilômetros percorridos, mas na cota de mercadorias a vender.

Apesar do ensino primário incompleto, seu Alberto desenvolveu com destreza uma matemática de noves fora que calculava estoque, preço, lucro e comissão de garrafas de cachaça Barnabé, caixas de rapé e tantas outras miudezas. Quantidades, pesos, medidas e valores compunham um diário a granel dessa vida de vendedor ambulante.

Foi só depois de muitos anos, e de não ter mais meu avô, que eu percebi que toda a sua andança pelos sertões de Guimarães Rosa nunca ficou registrada em palavras, essas mesmas que hoje uso com tanta abundância como jornalista. O Brasil que meu avô viu, ouviu e viveu ficou guardado historicamente apenas em notas precatórias, nos registros de compra e venda, no balanço do armarinho. Em números, afinal.

Essas reflexões sobre a vida itinerante e os registros silenciosos do meu avô me atravessaram quando comecei a escrever este capítulo sobre minha história na Agência Pública. Isso porque, de certa forma, parte da minha lida é quase o oposto do que fez meu avô. Enquanto ele viveu suas histórias registrando números, hoje eu parto deles para tentar escrever narrativas.

No entanto, somos também semelhantes. Muitas das minhas reportagens, seja a pé, seja por telefone ou na tela do computador, foram guiadas por números. Se meu avô costumava partir com equações de estoques e preços na cabeça, hoje eu trabalho pensando em números de pessoas afetadas pela poluição de um rio, na quantidade de focos de incêndios ou em doses de vacinas aplicadas: jornalismo literalmente guiado por dados, os quais têm conduzido uma cobertura que vem se revelando acertada, de assuntos que vão desde a sanha devastadora na Amazônia brasileira ao cataclisma na saúde e na política que infelizmente vivemos na pandemia de covid-19.

Follow the numbers

Números sempre estiveram presentes na cobertura investigativa da Agência Pública. Em junho de 2011, as fundadoras Marina Amaral e Tatiana Merlino manchetavam um número — cinco mil cruzeiros — para mostrar quanto a ditadura pagou por cabeça de militante executado na guerrilha do Araguaia (Amaral & Merlino, 2011).

Em 2012, a também fundadora Natalia Viana, junto a Daniel Santini, trouxe no título a cifra de 4,5 milhões: foi essa a quantidade de armas comercializadas no Brasil em cinco anos, vendas impulsionadas por uma bancada de políticos "da bala" com nomes que faziam ainda mais sentido em 2021, como o de Onyx Lorenzoni (Viana & Santini, 2012).

É fácil entender por que os números foram essenciais para o jornalismo investigativo da Pública. Eles são registros de um acontecimento, de uma realidade: um número é como um índice, algo que é produzido pela experiência humana, da mais triste à mais feliz. Números revelam vítimas, mortes e pessoas desassistidas pelas omissões ou violências do Estado. Números também revelam vitórias, conquistas judiciais e aumento de representatividade e de diversidade na política, na educação e na sociedade.

Além disso, números são ferramentas poderosas de investigação: em uma apuração, ter acesso a dados, de preferência em sua forma mais primária, costuma ser uma maneira eficiente de driblar releases mal-intencionados ou evitar notas esquivas de assessoria. Ao longo desses anos, eu e outros repórteres da Pública nos acostumamos a exigir de órgãos públicos números dos mais variados tipos de registros — como os de boletins de ocorrência, que revelaram a brutalidade policial na maior cidade do país (Cícero, Barcelos & Barros, 2015), ou de feminicídios e outras formas de violência de gênero, que assolam a periferia de Belém (Fonseca & Dip, 2017).

A experiência da agência com números cresceu junto a uma das mais importantes ferramentas de transparência e de contabilidade cidadã do Brasil: a Lei de Acesso à Informação, promulgada, coincidentemente, no mesmo ano de lançamento da Pública. Sancionada pela então presidenta Dilma Rousseff, a Lei 12.527, de 18 de novembro de 2011, abriu uma porta inédita para que nós, jornalistas independentes, pudéssemos acessar diretamente números e registros do Estado brasileiro, de formas que seriam antes impensáveis — e que muitos ainda pensam em como impedir. Não à toa, uma das primeiras decisões do governo do autoritário Jair Bolsonaro foi tentar cercear esse mecanismo.

O meu primeiro contato com essa lei ocorreu logo no ano de estreia do meu trabalho na Pública: 2013. Ao lado da repórter Jéssica Mota e do site ((o))eco, utilizamos pedidos de informação para investigar os impactos em direitos humanos de megaempreendimentos erguidos na Amazônia com dinheiro público do BNDES (Agência Pública & ((o))eco, 2013).

Os pedidos trouxeram dezenas de contratos, e, com eles, levantamos milhões em empréstimos, quilômetros de áreas alagadas, centenas de trabalhadores vítimas de situações laborais precárias e milhares de indígenas afetados pelas criações tornadas possíveis pelos polpudos cofres do banco estatal.

Foi nessa apuração que os números me levaram a Anita Vela Arara, na época a indígena mais velha de sua comunidade do povo Arara do Rio Branco, no Mato Grosso. Os 745 milhões de reais que ergueram a hidrelétrica de Dardanelos revelaram também a história do cemitério tradicional da aldeia, alagado pela megaobra, e onde estavam enterrados alguns dos familiares da tia Nita, que ela não poderia mais visitar (Fonseca & Mota, 2013).

A série de reportagens sobre os investimentos bilionários do BNDES na Amazônia, além de marcar meu primeiro especial na agência, deixou claro, para mim, que há muitas histórias em números aparentemente descarnados de planilhas, de documentos que exalam um tédio burocrático, mas movimentam montanhas de dinheiro, dão rumos ao país e fazem e desfazem direitos de pessoas de carne e osso que o jornalismo busca ouvir. *Follow the money* [siga o dinheiro], diz o mantra clichê. Eu prefiro dizer: *Follow the numbers* [siga os números].

Checagem: o Truco da Pública frente à desinformação

Era 2014 quando a Natalia chegou na redação com a novidade — inspirada pela inovação de Laura Zommer, à frente do Chequeado, na Argentina: a Pública começaria a fazer checagem de fatos (ver capítulo 3).

É preciso contextualizar. No Brasil, rumávamos para uma turbulenta eleição presidencial na qual o país assistiria à trágica morte de Eduardo Campos, à reeleição de Dilma Rousseff e à negação dos resultados por Aécio Neves. Já havia indícios de uma crise econômica monumental, que a campanha petista teimava em ignorar, assim como também existiam claros sinais autoritários e antidemocráticos nas manifestações contrárias ao PT, que a campanha de Aécio fingia não ver.

No mundo, começava a se popularizar uma expressão que, pouco tempo depois, estaria fadada ao desgaste: fake news. Engatinhávamos para entender o impacto daqueles sites e publicações em redes sociais que se assemelhavam a notícias, mas traziam conteúdos amalucados, teorias conspiratórias e versões para a realidade das mais variadas possíveis. A Cambridge Analytica operava nas sombras. Marqueteiros testavam as bases de campanhas digitais que, no futuro, se tornaram peça-chave para a eleição de políticos extremistas. Termos como "polarização" e "narrativa" eram usados ainda com ar de novidade.

Na Pública, fechamos a primeira força-tarefa de checagem, sob a condução criteriosa de Maurício Moraes, hoje na Agência Lupa. Nascia o Truco, um projeto de checagem de fatos único da agência, que combinava o rigor da checagem de informações com a estética do popular jogo de cartas marcado por blefes, mentiras e desafios — tal qual a política. Boa parte da redação se dedicou ao Truco naquela campanha presidencial, com checagens das propagandas eleitorais de televisão e dos debates entre os candidatos, e a metodologia foi toda descrita no site da agência.

Ainda me lembro dos primeiros contatos com assessorias de imprensa das campanhas: nem sempre fomos bem recebidos. Os políticos desconfiavam daquele grupo de jornalistas que pediam fontes dos números que haviam dito tão pomposamente na TV. Afinal — críticas precisam ser feitas —, parte da cobertura jornalística em eleições havia se acostumado a reproduzir discursos sem perguntar a origem do que era dito no palanque. Políticos se sentiam bastante livres para chutar quilômetros de linhas de metrô inauguradas ou comemorar o número de novas creches sem que os jornalistas informassem se o dado tinha embasamento — muitas vezes não tinha.

A partir disso, descobri também que os órgãos públicos tampouco estavam preparados para atender às demandas de checagem. "Para que você quer esse dado?", era uma das respostas mais frequentes das assessorias de imprensa, como se a transparência não fosse um dever do Estado, mas algo que precisasse ser pechinchado. Nessa disputa infeliz pela informação, houve casos nos quais a assessoria de um político foi mais solícita e transparente que a de um órgão público, pago com o nosso dinheiro.

Com o tempo, percebi que era cada vez mais importante não depender da "boa" vontade de assessorias para obter dados públicos — inclusive porque, diversas vezes, o órgão estava sob a gestão do mesmo político que tentávamos checar. Meus colegas e eu fomos desenvolvendo habilidades de acessar bases de dados públicas por conta própria e checá-las com pesquisadores e técnicos para tornar as investigações mais ágeis e independentes da decisão de assessores.

Aos poucos, decorei o número de homicídios por armas de fogo no Brasil, os dados de crescimento do desmatamento na Amazônia, os índices de analfabetismo ou as cifras dos empréstimos do BNDES. Percebi que, indo ao pé da letra do que diziam os políticos, acabamos pegando-os pela boca.

O Truco seguiria por mais quatro anos, nos quais, por duas vezes, tive o privilégio de comandar uma equipe de competentes jornalistas de Minas Gerais — Alexandre Policarpo, Eliziane Lara, Felipe Motta, Gabriella Hauber, Gabriela Garcia, Natália Vieira e Roberta Firmino — nas checagens das campanhas para prefeito, em 2016, e governador, em 2018. Foram duas intensas maratonas, nas quais passamos de um grupo desconhecido à agência citada em debates e campanhas de candidatos, até mesmo com retratação de informações erradas. A nosso modo, pouco a pouco, não tenho dúvidas de que pudemos colaborar com a qualidade da informação nas eleições.

Foi também através do Truco que a Pública se tornou um alvo preferencial de grupos que prosperavam em campanhas de desinformação e de ódio nas redes sociais. Não por acaso, as checagens despertaram a ira — e a misoginia — de movimentos que surfavam no retorno da extrema direita à cena política e que, em 2018, estiveram na base de apoio da eleição do presidente Jair Bolsonaro. Jornalistas mulheres da Pública foram assediadas em vídeos e em caricaturas grotescas, e praticamente toda a redação foi listada em dossiês que fingiam avaliar nossos posicionamentos para, na verdade, tentar invalidar o trabalho de checagem.

Por outro lado — e um bem mais próspero —, a checagem de fatos ajudou a projetar ainda mais a agência nacionalmente e fomentou trabalhos acadêmicos em todas as partes do Brasil, incentivando jovens jornalistas e pesquisadores experientes a discutirem metodologia de apuração, ética jornalística e jornalismo guiado por dados. Se talvez seja impossível ganhar a partida contra a desinformação, sem dúvida o Truco pôs boas cartas na mesa.

Respeitar números para respeitar vidas

Em 2020 falei ao telefone com Estêvão Bororo. Do lado de cá da linha, eu acompanhava pontinhos vermelhos destacados em um mapa colorido, representando os focos de incêndio que devastavam o Cerrado e o Pantanal naquele trágico recorde histórico de queimadas, conforme a medição pelos satélites do Instituto Nacional de Pesquisas Espaciais (Inpe). Minhas marcações começavam no mês de julho, em um lado do rio São Lourenço, provenientes de uma região de cerrado onde proliferam plantações de soja, algodão e milho. Em seguida, em agosto e setembro, o fogo virtual pulava para dentro do Pantanal, circundando a terra do povo Bororo em dezenas de pixels ameaçadores.

Do outro lado do telefone, Estevinho me relatava a realidade por trás das imagens do computador: "A margem esquerda do rio pegou fogo, cercou duas aldeias, queimou uma ponte. Depois, o fogo avançou em direção à aldeia Córrego Grande, que foi a mais impactada. Veio com tudo, cercou até mesmo as residências", contou. E me enviou fotos e vídeos do verde tomado por chamas e fumaça, deixando cinzas e desolação.

A apuração para essa reportagem, feita com minhas colegas Bianca Muniz e Raphaela Ribeiro, foi um dos muitos exemplos nos quais os dados e a realidade off-line se cruzaram para narrar histórias, dramas e lutas que revelamos na Pública. Foi justamente através dos números que cheguei a Estevão, pois me mostraram quais eram as terras mais afetadas pelos incêndios. Por sua vez, o relato da triste experiência pessoal do educador indígena fortaleceu o que a apuração digital havia apontado e indicou novos caminhos para que a reportagem seguisse revelando histórias.

Essa era a melhor maneira de fazer jornalismo investigativo guiado por dados na Pública, com o foco na denúncia de violações de direitos humanos. A partir dos aprendizados de anos de checagem de fatos e do crescimento da comunidade de jornalismo de dados no Brasil, percebemos que números não são apenas um registro frio ou uma superficialidade na apuração jornalística, mas um caminho válido e fundamental para chegar a histórias, realidades e pessoas.

Além disso, acredito que a rotina de apuração utilizando números é, de certa forma, um sinal da maturidade do jornalismo investigativo da Pública. A habilidade em navegar por bases de dados tem tornado a agência cada vez mais independente, mais ousada e capaz de reportar uma realidade complexa, multifacetada e que se viu ainda mais caótica nos últimos anos — afinal, veio a pandemia.

Fomos surpreendidos no início de 2020 quando vivemos uma escalada de acontecimentos que nunca havíamos experimentado: as primeiras notícias das infecções na China foram cedendo lugar aos casos na Europa e nos Estados Unidos, até que, de repente, estavam no Brasil. Fechamos a redação ainda no início de março daquele ano e passamos a apurar virtualmente da melhor forma que conseguimos, ao mesmo tempo que tentávamos equilibrar aflições e incertezas sobre nossa própria saúde, de familiares e amigos. De tanto falar em futuro distópico, estávamos, enfim, vivendo um.

Os números que antes refletiam diversos aspectos da nossa realidade passaram a girar tristes em torno de óbitos, internações, leitos de UTI e falta de medicamentos. Se, no início, escrevi sobre mortes que não chegavam a vinte, com o tempo me vi contando-as na casa de centenas de milhares, em uma progressão horrível que, de alguma forma absurda, foi se tornando normal no Brasil.

A desigualdade brasileira, claro, que assola o país tal qual um vírus há centenas de anos, deu o tom da pandemia. Nós, na Pública, entendemos rapidamente que cobrir uma catástrofe em saúde seria também reportar a catástrofe social e econômica que persiste e foi amplificada pela doença. E, nessa cobertura, os números foram fundamentais.

Em primeiro lugar, para dimensionar o que negacionistas inescrupulosos tentavam minimizar. Era muita gente adoecendo, muitas pessoas morrendo, e contar esses números, mostrar a sua dimensão absurda, foi também uma forma de respeitar e valorizar cada uma dessas histórias.

Em segundo, os números também foram uma ferramenta para descobrir e revelar as desigualdades nas formas pelas quais o coronavírus adoeceu o Brasil. Foram os números que alertaram que a covid-19, apesar de ter chegado em residências ricas de brasileiros que viajaram ao exterior, entrava pelas portas e janelas dos lares mais pobres, nas periferias dos grandes centros urbanos. Foram os números que mostraram que a pandemia internava e matava cada vez mais negros, provando que o grupo de risco, no Brasil, é também um recorte racial.

Foram também os números que revelaram a dimensão do charlatanismo de Estado: o envio de milhões de comprimidos de cloroquina dos laboratórios do Exército a todos os cantos do Brasil; as vendas milionárias de remédios do falso kit covid pelas farmácias do país; e a propaganda governamental que preferiu tentar convencer cidadãos a se arriscarem em vez de confiar nas vacinas.

A cobertura da Pública sobre a pandemia — que venceu a menção honrosa do Prêmio Roche de Jornalismo em Saúde em 2020 — foi em grande parte realizada através e por causa dos números, que serviram como um registro contrário a discursos mal-intencionados que tentavam normalizar o absurdo e advogar pelo indefensável. Isso porque, subjacente a cada número, havia pessoas, famílias e histórias. Por isso, respeitar as estatísticas passou a ser uma forma também de respeito a essas vidas e mortes que elas registram.

Números, fatos e pessoas: a romaria do jornalista

Escrevo em 2021 e não estamos certos de quando, como e em que condições estancaremos os tristes números dessa pandemia. Igualmente, vem em forma de números outra grande incerteza para o nosso futuro: as eleições de 2022, que deverão pôr à prova o respeito à contagem dos votos dos brasileiros e a possibilidade de seguirmos contando os anos da nossa democracia.

São números também que marcam apreensivamente a nossa relação com as mudanças climáticas. Quantos graus a mais a atividade humana vai impor ao planeta nas próximas décadas? Quantos serão deslocados por tragédias potencializadas pelo clima?

Apesar das incertezas — ou talvez graças a elas —, seguimos todos caixeiros-viajantes, em uma jornada com prazo indefinido e destino incerto em busca das histórias que vamos narrar e viver. Dez anos passados, tenho certeza de que a Pública seguirá por muitos outros com coragem e determinação para tomar o próximo trem, rumar na estrada em busca de números, fatos e pessoas nessa romaria que é fazer jornalismo. Afinal, aprendi que exercer essa profissão é retornar, de mãos cheias ou vazias, e ir, inevitavelmente, atrás do próximo destino.

7

Rompendo o silêncio: a investigação jornalística das empresas

Thiago Domenici

Era uma terça-feira de outubro de 2020 quando recebi uma mensagem no WhatsApp: "Cara, tem uma história complicada que chegou para mim e preciso te repassar". Perguntei do que se tratava enquanto me equilibrava no elevador com uma sacola de mantimentos, em mais um daqueles dias intermináveis de clausura em meio à pandemia, quando só saía de casa para ir rapidamente ao mercado da esquina. Naquele mês, o Brasil atingiria cerca de 160 mil mortes por covid-19.

Combinamos uma ligação para dali a meia hora. Depois de tomar uma água e engolir um sanduíche, me sentei no sofá e liguei para o informante, que chamaremos de Joel, para evitar sua identificação.

Joel é um amigo, não uma fonte, e sempre foi efusivo ao conversarmos sobre pautas. Dessa vez, sua voz soava diferente. "O que é a história?", perguntei. "Acho que só a Pública tem condições de meter a mão nesse vespeiro. Não estou conseguindo avançar", ele me disse. Joel passou então a me contar que já havia tentado, sem sucesso, emplacar a pauta no veículo em que trabalhava. Nas três horas seguintes em que conversamos, ele me explicou que havia recebido a informação de que um grande empresário era investigado por crimes sexuais.

Seu nome? Saul Klein, candidato a vice-prefeito da cidade de São Caetano do Sul, no ABC paulista, nas eleições de 2020, homem conhecido na cidade, com envolvimento em clubes de futebol como a Ferroviária e o próprio São Caetano, cujo sobrenome revelava que seu poder ultrapassava os limites do esporte.

Saul, herdeiro das Casas Bahia, a gigante do varejo nacional, parte da holding Via, que tem capital aberto e faturamento anual de bilhões, estava no centro de uma investigação do MPF. Algumas dezenas de acusações de mulheres contra Saul falavam de estupro e abusos sexuais. "Sei que alguns veículos estão atrás dessa história já, mas tenho algum material pra te passar", me adiantou Joel.

Ao final da conversa, ele me contou que outros membros da família Klein também poderiam estar envolvidos em denúncias de crimes sexuais. "Talvez o pai, o fundador das Casas Bahia." Já era tarde da noite e desligamos.

No dia seguinte, recebi o material prometido. De fato, havia informações sobre processos judiciais contra o patriarca, Samuel Klein, falecido em 2014. Avaliei que as informações tinham um potencial devastador se fôssemos a fundo na apuração. Mas precisaríamos de tempo.

Avisei a Natalia Viana, e ela sugeriu que a repórter e editora Andrea Dip, acostumada a fazer coberturas que envolviam temas de gênero e infância, também entrasse na apuração. Combinamos de fazer uma reunião on-line com Joel.

Enquanto isso, comecei a organizar o material e aprofundar algumas pesquisas nos diários oficiais da Justiça. Uma regra que considero básica do jornalismo é: ao tomar conhecimento de algum fato que mereça investigação, procurar imediatamente todas as informações possíveis sobre o tema antes de ir a campo, além de verificar se há interesse público no que será investigado — o que, no caso em questão, estava escancarado pelas informações preliminares. Ao mesmo tempo, me inquietava saber por que essa história nunca tinha vindo a público.

Após a conversa com Joel, Natalia e Andrea concordaram: era um escândalo e tínhamos de apurar. Criamos, então, um núcleo investigativo com seis jornalistas e fizemos um grupo no aplicativo Signal para nos comunicarmos com mais segurança. A equipe era formada por mulheres em sua maioria, um cuidado que tomamos ao tratar de uma pauta em que vítimas com traumas precisavam ser ouvidas. Combinamos sigilo, e o restante da redação só soube o que fazíamos um mês antes de o material ir ao ar, em 15 de abril de 2021, em reportagem assinada por Andrea Dip, Clarissa Levy, Mariama Correia, Rute Pina, Ciro Barros e eu — neste dia, o país chegava à triste marca de 365 mil mortes por covid-19.

Mas vamos voltar a dezembro de 2020. Já estávamos trabalhando na pista de Samuel e de seu filho quando a história de Saul veio à tona em um furo da *Folha de S.Paulo*, na coluna de Mônica Bergamo, em 22 de dezembro. "Filho do fundador das Casas Bahia é acusado de estupro e aliciamento por 14 mulheres", dizia a manchete (Soraggi, 2020). Dias depois, nova reportagem publicada no UOL esmiuçava a história, trazendo detalhes inéditos (Lopes, 2020). Lá no final de dezembro, o programa *Fantástico*, da TV Globo, também publicou a denúncia contra Saul, com divulgação de vídeos e depoimentos de mulheres que reforçaram as informações publicadas por UOL e *Folha*. Mas não havia menção a Samuel.

Lembro que passei o 25 de dezembro, dia de Natal, vasculhando as redes sociais em busca de comentários a partir das reportagens publicadas sobre Saul que pudessem revelar pistas de novas fontes sobre o pai dele. Não demorou e alguns comentários surgiram, dizendo: "Já tinha ouvido falar de coisas parecidas sobre o pai dele" ou "O pai dele fez pior e todo mundo sabe". Foi assim que consegui contato com uma ex-funcionária das Casas Bahia e com uma denunciante que revelou que, na Baixada Santista, havia uma agenciadora de Samuel chamada Kathia Lemos — mais tarde, pude localizá-la também.

Vendo em perspectiva, a gente sabia que o risco de sermos furados no caso de Saul Klein era alto. Àquela altura em que as reportagens foram publicadas, já havíamos conseguido depoimentos de vítimas, mas resolvemos esperar as festas de fim de ano passarem. A nossa história seria maior e mais ampla, chegaria ao clã de abusadores.

Tínhamos a suspeita, que se confirmou depois, de que quase nenhum grande veículo da imprensa noticiaria os crimes do patriarca Klein, conhecido como "rei do varejo" por causa da enorme presença das Casas Bahia no comércio brasileiro — empresa que até hoje é grande anunciante dos maiores veículos de comunicação do país, cujos proprietários são homens brancos e poderosos como Samuel.

Mas, logo no início da apuração, as denúncias contra Samuel já eram tantas que, em poucos dias, já tínhamos encontrado mais de dez mulheres que, adultas, abriram processos contra ele por danos morais em razão de abusos sexuais sofridos quando ainda eram crianças e adolescentes.

Aos poucos fomos desnudando a história oculta por trás da imagem de empresário "vencedor", sobrevivente do Holocausto, que chegou ao Brasil sem nada e construiu a maior rede de varejo do país. O dono das Casas Bahia, cujos comerciais enchiam os intervalos das novelas com ofertas tentadoras ("Quer pagar quanto?"), o rei do varejo que, ao morrer, virou nome de rua e deixou um império para os filhos, era, na verdade, um homem que usava seus negócios e poder financeiro para explorar sexualmente crianças e adolescentes, tanto em São Caetano do Sul, na sede da empresa, como em residências em Santos, São Vicente, Guarujá e Angra dos Reis.

Consultamos mais de quarenta fontes, analisamos diversos processos, fotos e vídeos com conotação sexual. Além dos relatos das mulheres, confirmamos a história com ex-funcionários, ex-seguranças da família Klein, com vizinhos das suas propriedades e com taxistas que transportavam as meninas. Ex-funcionários das Casas Bahia contaram à reportagem que frequentemente mulheres iam às lojas para pegar dinheiro ou produtos, em algumas ocasiões munidas de bilhetes supostamente escritos por Samuel, autorizando a retirada dos valores. As garotas tinham, inclusive, um apelido: "samuketes".

Nossa meta era ter um material tão bem apurado e equilibrado que desestimulasse desmentidos. A grande dificuldade foi reunir a maior quantidade possível de mulheres dispostas a contar suas histórias, remexer nesse passado, enfrentar os riscos de cair no descrédito e de confrontar gente com dinheiro e poder. Demos o tempo necessário para que refletissem sobre essa possibilidade. E muitas delas tinham — e ainda têm — medo de retaliação.

Através dos processos judiciais também chegamos a outros nomes, colhendo novos depoimentos. Esse trabalho em equipe foi vivenciado em meio a muitos sentimentos: ansiedade, cautela, frustração. E, claro, empolgação; por exemplo, quando a repórter Clarissa Levy conseguiu na véspera da publicação a autorização de uma denunciante para publicar a história com seu nome verdadeiro. Ou quando a repórter Mariama Correia registrou a contradição no depoimento da agenciadora Kathia durante abordagem em Santos. Também o repórter Ciro Barros foi fundamental para conseguir depoimentos de três irmãs que afirmaram ter sido abusadas por Samuel.

Lembro-me claramente de outro momento de consternação da equipe quando fontes nos forneceram fitas VHS de um aniversário secreto de Klein em 1994. Em parte do vídeo é possível ver mais de cinquenta meninas na festa, muitas na faixa de dez a quinze anos. Há cenas que as mostram assistindo a uma apresentação de dança erótica, brindando o aniversário do empresário e abraçando-o dentro da piscina. "Ô, ô, ô ô, o Samuca é o terror...", gritavam na festa.

Como grilos falantes

Costumo falar em palestras e entrevistas sobre essa apuração que, se todas as mulheres que procuramos nos primeiros quatro meses tivessem topado falar, teríamos ao menos trinta casos para averiguar. Tomamos muitos "não" na cara, mas chegamos a dez depoimentos; desses, três denunciantes aceitaram revelar seus nomes. Em reportagens posteriores, conseguimos mais de uma dezena de relatos por meio de um formulário participativo em nosso site.

Com a primeira reportagem publicada em abril de 2021, começava uma nova etapa do trabalho: não deixar a história cair no esquecimento. Em certo sentido, a nossa estratégia de divulgação teve boa repercussão, muitos jornalistas e atores da sociedade civil, sobretudo mulheres, divulgaram a reportagem em suas redes sociais, e foram muitos os artigos de opinião publicados.

Também houve mobilização em São Caetano do Sul com protestos na frente das Casas Bahia, e um grupo de vereadoras da cidade propôs mudar o nome da rua Samuel Klein para rua 8 de Março por meio de um abaixo-assinado. Cidadãos passaram a espalhar pela cidade cartazes contra Samuel Klein e as Casas Bahia. O vereador Toninho Vespoli (PSOL), da cidade de São Paulo, propôs cancelar o título de cidadão paulistano concedido a Klein pela Câmara Municipal em 2006.

Outra iniciativa partiu da deputada federal Sâmia Bomfim (PSOL-SP), que, motivada pela reportagem, propôs um Projeto de Lei para ampliar a reparação civil a vítimas de abusos sexuais. Por conta dos fatos revelados pela Pública, os netos de Samuel Klein decidiram suspender as atividades do instituto que levava seu nome e financiava ações voltadas para a educação de crianças. Além disso, o Ministério Público do Trabalho (MPT) abriu um inquérito para apurar a responsabilidade das Casas Bahia nas acusações contra Klein — a exploração sexual de crianças e adolescentes "é uma das piores formas de trabalho infantil".

Não houve, porém, repercussão jornalística, noticiosa. O caso foi ignorado pelos grandes veículos — que nem sequer repercutiram a revelação desse esquema de exploração sexual, que envolveu tantas vítimas, com o agravante de estar ligado ao fundador de uma marca tão forte no Brasil. Não entrevistaram pessoas sobre o tema, não procuraram personagens, não seguiram a investigação, como costuma acontecer em casos dessa dimensão e com notório interesse público.

Estadão, *O Globo*, *Veja*, *IstoÉ*, *Época*, incluindo redes de televisão nacionais, como Globo, SBT e Bandeirantes, ninguém falou do assunto em sua cobertura diária até a publicação deste livro. Na nossa percepção, a revelação não ganhou repercussão nacional pela falta de cobertura noticiosa. E fica a pergunta: por quê?

A *Folha de S.Paulo* foi o único grande jornal impresso a publicar a história com "apuração própria", um mês depois de ter se negado a republicar nosso material. Vale relembrar que somos uma agência sem fins lucrativos que distribui reportagens investigativas gratuitamente, sob a licença Creative Commons, e a *Folha* já fez diversas parcerias de republicação conosco.

Já estávamos com a publicação acertada com o diário, inclusive com o texto final editado e aprovado por seus editores. Seria uma versão reduzida, para publicação on-line e no jornal impresso. Enviei, inclusive, uma pequena amostra do material de apuração, sob acordo de não divulgação, para que o jurídico do jornal pudesse ficar tranquilo em relação à possibilidade de futuros processos.

Tratava-se de apuração sólida, eles concluíram. Por isso me surpreendi quando recebemos a notícia de que a reportagem não seria publicada pelo veículo. Ficamos sem entender. Mesmo sendo um tema sensível, meses antes a *Folha* tinha publicado uma reportagem da Pública também envolvendo crimes sexuais contra crianças e adolescentes ocorridos em Minas Gerais.

A situação fomentou um artigo devastador da ombudsman do jornal à época, Flavia Lima, que me procurou para conversar sobre o episódio. Em "Sobre crimes sexuais invisíveis", ela manifestou sua estranheza pelas revelações da Pública não terem sido noticiadas na imprensa. A certa altura, ela escreveu:

> Casos como esse parecem envolver engrenagens que operam por anos sem que seus responsáveis sejam incomodados — nem pela polícia nem pela imprensa. O suposto esquema de exploração sexual descortinado pela Pública corria em paralelo, muitas vezes dependente do negócio principal. É estranho que caso tão bem apurado só apareça na *Folha* em artigos de opinião, ou seja, não exista em forma de notícia. Republicar a íntegra de um caso como esse pode ser uma escolha. Incluí-lo na cobertura noticiosa é uma obrigação. (Lima, 2021)

O puxão de orelha fez o jornal entrar na cobertura.

Na newsletter da Pública, a jornalista Marina Amaral também escreveu sobre o tema:

> A vida e a dignidade são inegociáveis, e é esse princípio que guia o jornalismo de interesse público, o único que importa. A imprensa empresarial pode se calar — e, pressionada [Lima, 2021], até plagiar nosso trabalho, como fez recentemente a *Folha de S.Paulo* [Trindade, 2021]. Mas estamos aqui, como grilos

falantes, lembrando que o jornalismo é importante demais para ficar nas mãos de empresários.

"Por que só agora?"

Durante a investigação, ouvimos de algumas fontes a pergunta: "Mas por que só agora?". Eu ficava sem entender. Respondia o que para mim é óbvio: é de interesse público contar como um império foi construído também à custa de crimes que nunca foram revelados e punidos. Aos poucos, percebemos que a pergunta, na verdade, tinha outro sentido: "Por que só agora [vocês da imprensa] resolveram contar a história?". Eu me calava nessas horas. Não tinha resposta. Mas o que aconteceu antes e depois talvez explique a desconfiança.

Muitas dessas mulheres nos contaram que já haviam falado com outros veículos de comunicação anos atrás, quando Samuel era vivo e poderia responder pelas acusações. O repórter Ciro Barros, por exemplo, contou que algumas mulheres lhe mostraram cartões de contato de jornalistas de grandes emissoras com quem elas haviam conversado no passado. Advogados relataram que já haviam se encontrado com equipes de reportagem e até auxiliado na apuração. Nada veio a público.

Além da história de Joel, foi ficando cada vez mais claro que parte da imprensa havia sido e seguia conivente com um dos maiores e longevos crimes sexuais já descobertos no país — que acabou por se tornar também uma história de negligência jornalística. Um escândalo empresarial que segue abafado pelo poder do dinheiro. Joel, afinal, tinha razão: só a Pública poderia contar a história com a independência necessária.

Anatomia da reportagem

O "caso K", como nomeamos internamente a investigação, foi ao ar exatamente um mês depois do aniversário de dez anos de criação da Pública. Ao longo dessa década, investigar impactos sociais e ambientais de empresas, suas práticas de corrupção e de antitransparência sempre foi eixo estratégico do nosso trabalho jornalístico voltado aos direitos humanos. Enquanto a imprensa costumava exercer seu papel de jornalismo vigilante (*watchdog*) em relação a governos, não demonstrava o mesmo empenho em denunciar crimes e violações de direitos cometidos por empresas.

Ao longo desse tempo, investigamos mais de 360 empresas privadas ou de capital aberto, como Vale, Sabesp, Samarco, JBS, empresas de transporte do Rio de Janeiro, da indústria das armas, da segurança privada, do tabaco, dos agrotóxicos, do agronegócio, do ensino superior privado.

Entre 2019 e 2020, por exemplo, mostrei em uma série de reportagens irregularidades cometidas pelo grupo educacional Laureate, à época dono de universidades privadas como Anhembi Morumbi, FMU e Unifacs. Na investigação, revelei como eram fraudadas aprovações de cursos no Ministério da Educação (MEC), o uso de robôs para corrigir atividades sem que os alunos soubessem e demissões de professores por mensagem de texto (Domenici, 2020a; 2020b; 2020c). As denúncias da Pública motivaram uma ação civil pública do MPF, que qualificou de "absolutamente injustificável" a omissão do MEC diante dos indícios de irregularidades, que afetaram o aprendizado e a vida de mais de trezentos mil estudantes no país (Domenici, 2019b).

Já no caso da Vale, foram dezenas de reportagens sobre uma das maiores mineradoras do mundo. Marina Amaral foi a primeira a desbravar as investigações sobre a companhia, ainda entre 2012 e 2013, denunciando como a Vale espionava desafetos dos movimentos sociais e grampeava funcionários para defender seus interesses (Amaral, 2013). No primeiro especial sobre a Amazônia, o Amazônia Pública, a contaminação ambiental e a expulsão de comunidades pela Vale no sul do Pará também foram alvo de quatro reportagens. A mineradora havia sido eleita a pior empresa do mundo pelo Public Eye People's enquanto era tratada com entusiasmo por parte das corporações de mídia nacionais (Amaral, 2012b).

Anos depois, a partir de uma planilha enviada por uma fonte, mostrei como a mineradora trata com descaso o risco de morte na estrada de ferro Carajás, entre Pará e Maranhão, que é da companhia, por onde passam imensos trens carregando minério de ferro para exportação (Domenici, 2019a). Em um dos casos relatados, a mineradora pretendia não atender à demanda por segurança reivindicada por moradores, mesmo com risco de acidente fatal.

O trem de Carajás, aliás, também foi tema de investigação quando percorri o interior do Maranhão para relatar como acidentes com mortos e feridos eram frequentes na ferrovia da Vale e como essas vítimas eram processadas por protestarem contra a companhia (Domenici, 2017). Ora como editor, ora como repórter, não foram poucas as reportagens que ajudei a erguer para denunciar empresas que destroem a maior floresta tropical do mundo.

Nesse tempo de profissão, quase vinte anos, aprendi que grandes reportagens de impacto surgem, às vezes, em pequenos detalhes. No caso de empresas, é possível elaborá-las a partir de migalhas de informação, mesmo que não sejam de bate-pronto reveladoras de escândalos e operações suspeitas. Com a investigação do caso Laureate, por exemplo, tive a noção de como desvios de conduta na esfera privada têm impacto e interesse público.

É fato também que cada repórter desenvolve suas técnicas de apuração. No meu caso, tenho grande preferência pela busca de documentos que comprovem as revelações, muitos depoimentos que refaçam as situações de irregularidades e, sempre, a opção pela prova documental em detrimento de declarações sem comprovação. Quando há pouca prova documental, o procedimento então é conseguir o máximo de declarações fidedignas sobre as denúncias.

Em geral, as fontes primárias são o pontapé inicial da apuração. Com elas, surgem novas pistas e informações. A arquitetura dessas tarefas, da ideia da pauta à edição, não é uma atividade individual, isolada; é sempre coletiva, com o envolvimento de profissionais de diferentes áreas. A meu ver, a reportagem bem-sucedida é aquela que demanda rigor e disciplina do repórter na obtenção e no trato da informação com evidências, um produto cada vez mais valioso.

AS MAIS INVESTIGADAS

Empresa	**Investigações**
Vale S.A.	19
Syngenta	9
BNDES	9
Bayer	8
Odebrecht	7
Samarco	6
Sabesp	6
JBS	6
Andrade Gutierrez	6
Taurus Armas S.A.	4
Norte Energia	4

POR SETOR

Mineração	55
Agronegócio	22
Energia	21
Defesa e segurança	16
Madeireira	12
Alimentícia	12
Saneamento básico	11
Financiamento	10
Agricultura e biotecnologia	9
Química e farmacêutica	8
Petrolífera	8

Levantamento das empresas investigadas ao longo dos últimos dez anos realizado pelo jornalista Matheus Santino.

8

Do WikiLeaks à Vaza Jato

Natalia Viana

Passaram-se dez anos e, depois de muito refletir sobre as principais investigações que fiz na Agência Pública — uma chance que este livro de retrospectiva me proporcionou —, minha grande descoberta foi que, majoritariamente, passei todo esse tempo investigando a mesmíssima coisa.

Eu explico.

Tudo começou em novembro de 2010, quando eu estava em um bangalô à beira do rio Tapajós, no Pará, para fazer uma reportagem para o *Guardian* e outros sites que se interessavam pelos conflitos e o destino da Amazônia. Eu era jornalista freelancer, sem veículo e sem patrão.

O celular não pegava direito, por isso só ouvi o recado horas depois. Em inglês britânico: "Alô, Natalia, aqui é a Sarah, trabalhamos juntas em Londres. Agora estou com uma organização muito influente, queria te passar um trabalho…".

Foi a primeira vez que ouvi a voz da minha amiga Sarah Harrison, que ficaria famosa anos depois ao ter levado Edward Snowden, ex-técnico da National Security Agency [Agência de Segurança Nacional] (NSA), para a Rússia e ficado com ele durante vinte dias presa no aeroporto de Moscou. Ela estava me convidando, em mensagens cifradas, para participar do maior vazamento da história do jornalismo, a publicação de 250 mil documentos das embaixadas estadunidenses no mundo, ou o Cablegate, como ficou conhecido o maior projeto do WikiLeaks. Naquele dia, ela não me disse o que era exatamente, mas a oferta era irrecusável. "Estamos trabalhando em um grande projeto, extremamente empolgante, que vai ter enorme repercussão no mundo todo. Não é seguro escrever os detalhes, mas tenho certeza de que qualquer jornalista gostaria de estar envolvido", explicava a inglesa. "Todos os meus telefones estão grampeados, mas posso te ligar."

A oferta era a seguinte: eu precisava ir para Londres o mais rápido que pudesse, sem fazer perguntas. Me lembro que fiquei em dúvida entre seguir cobrindo as mazelas da Amazônia ou embarcar nessa jornada. Uma amiga, também jornalista, me chacoalhou: "Você tá louca? Vai agora!".

Três dias depois, eu estava em Londres, com apenas um endereço onde encontraria a Sarah e conheceria toda a equipe do WikiLeaks. Dez dias depois, em 29 de novembro de 2010, os cinco maiores jornais do mundo, mais a *Folha de S.Paulo* no Brasil, publicavam ao mesmo tempo matérias de capa sobre os cabogramas, uma colaboração até então nunca vista na imprensa mundial. No topo da capa daquela segunda-feira, a *Folha* estampava: "Brasil disfarçou luta antiterror, dizem EUA".

Os jornais *Der Spiegel*, *Le Monde*, *The New York Times*, *The Guardian* e *El País* traziam manchetes locais sobre o que os telegramas diplomáticos diziam sobre a política interna de mais de 170 países na primeira década do século XXI. É, até hoje, a maior quantidade de documentos oficiais vazados e publicados em domínio público da história.

Os documentos traziam um raio X dos interesses e da interferência estadunidense em diversos países do mundo. Na Tunísia, as revelações sobre a corrupção levaram à derrubada do governo; a Suécia traía sua pretensa neutralidade em conversas privadas com os estadunidenses; os Estados Unidos espionavam diversos líderes mundiais na ONU. No Brasil, embora houvesse o retrato de um Itamaraty independente e altivo durante o governo Lula, o general Jorge Armando Félix, ministro do Gabinete de Segurança Institucional, dizia ao embaixador que o país tinha de "pagar um preço" se quisesse ser uma liderança mundial, acostumando-se a enviar soldados para guerras e receber "sacos de corpos" de volta. Outros temas importantes eram o interesse dos estadunidenses na segurança da Copa do Mundo e das Olimpíadas e na descoberta do pré-sal.

Ao dedicar meses ao trabalho de coordenação do vazamento, primeiro em parceria com a *Folha de S.Paulo* e depois já na Agência Pública, fundada no meio desse turbilhão, consegui ter uma visão ainda mais clara a respeito de um tema sobre o qual me debruçava desde o começo dos anos 2000, quando estreei no jornalismo: a influência estadunidense na América Latina.

Muito antes de ficar encarregada de ler e analisar os três mil documentos diplomáticos referentes ao Brasil, eu já viajara para a Bolívia para conhecer o movimento cocaleiro liderado por Evo Morales, antes ainda de ele se tornar presidente, e cujo mote era a liberalização do plantio de coca, planta milenar criminalizada pela guerra às drogas liderada pelos Estados Unidos. Eu vi com meus olhos como, pagos pelos estadunidenses, soldados bolivianos jovenzinhos invadiam propriedades rurais com facões em punho para destruir a plantação (e o único sustento) de famílias camponesas. Em uma dessas viagens ao Chapare, região cocaleira, um coronel do Exército Nacional da Bolívia confirmou que "tudo o que você vê aqui foi pago pelos gringos".

Nos anos anteriores à fundação da Pública, cobri a Guerra às Drogas no México, reportei sobre o embargo em Cuba e acompanhei, ainda, a ascensão do governo de Hugo Chávez na Venezuela, ele que sempre se valeu de uma forte retórica antiestadunidense.

Agora, os documentos do WikiLeaks me permitiam visualizar como os Estados Unidos agiam no Brasil. Naquela época, o principal tema eram os megaeventos, que abriam uma janela de oportunidades a Washington. Por um lado, suas agências policiais ampliaram a presença no nosso país, depois da diplomacia estadunidense fazer um forte lobby voltado ao apoio para a segurança das Olimpíadas. Por outro, os Jogos Olímpicos no Rio em 2016 permitiram que os Estados Unidos finalmente vencessem um cabo de guerra que travavam com os governos petistas desde pelo menos 2001 — ano do atentado às Torres Gêmeas em Nova York —, a promulgação de uma lei que tipificasse o crime de "terrorismo".

Revelamos que, sob influência dos agentes estadunidenses radicados no Brasil, a Polícia Federal (PF) monitorava supostos terroristas e os prendia com base em outros crimes para fugir do escrutínio público e do próprio governo federal.

Vários documentos do WikiLeaks demonstravam ainda a pressão dos estadunidenses em espionar a comunidade árabe, com especial atenção à Tríplice Fronteira — e a resistência do Itamaraty liderado pelo chanceler Celso Amorim, que não acreditava ser a região foco de atividades terroristas. Dentro das paredes confidenciais da embaixada, Amorim era chamado de "antiestadunidense" e visto como uma "pedra no sapato". Mas o problema não era só esse.

Politicamente, a era petista alinhava-se com uma geração de líderes de esquerda que tinham na independência latino-americana em relação ao vizinho do Norte uma prioridade, quando não uma agressiva retórica que rendia votos. De Hugo Chávez a Evo Morales, passando por Fernando Lugo no Paraguai e Cristina Kirchner na Argentina, esses governos consolidaram blocos regionais, como o Mercado Comum do Sul (Mercosul) e a União de Nações Sul-Americanas (Unasul), a qual reunia os exércitos sul-americanos em uma tentativa de ampliar a resiliência do bloco a ataques à soberania interna. Por aqui, o governo Lula promoveu uma grande reforma na PF, que anos antes fora descrita como "comprada" pelos estadunidenses nas palavras de Carlos Costa, ex-chefe do FBI no Brasil.[1] O delegado Paulo Lacerda, indicado para operar essa reforma na PF, obtendo sua independência de recursos exteriores, deu um chega pra lá nos representantes da embaixada estadunidense: propôs a eles uma rubrica nos Orçamentos da União para doações vindas do governo dos Estados Unidos (Fernandes, 2020). Eles negaram. Mas a mensagem estava dada.

O FBI e os "hubs de relacionamento íntimos" no Brasil

Mesmo depois de encerrado o Cablegate, pude acompanhar o desenrolar dos avanços estadunidenses no Brasil, sempre a pretexto de impedir o terrorismo, e realizar o que fazemos melhor na Pública: investigar. Foi assim que, através de pedidos pela Lei de Acesso à Informação, obtive a lista de todos os treinamentos realizados por agentes do FBI em preparação à Copa do Mundo de 2014.

A história era particularmente interessante porque desde 2013 o país vivia uma ebulição de protestos nas ruas, violentamente reprimidos, e alguns dos treinamentos eram justamente "antimotins". O FBI e outras agências estadunidenses treinaram 837 policiais das doze cidades-sede em cursos diversos, desde investigação digital até relacionamento com a mídia. Desde 2012, o governo dos Estados Unidos vinha investindo em treinamento policial para os megaeventos no Brasil — a um custo de 2,2 milhões de dólares.

1 Em entrevista a Bob Fernandes, publicada na *Carta Capital*, 24 mar. 2004: "Os Estados Unidos compraram a PF. Há um antigo ditado, e ele é real: quem paga dá as ordens, mesmo que indiretamente. A verdade é esta: a vossa Polícia Federal é nossa, trabalha para nós".

Embora o tema de fundo fosse sempre a perspectiva de potenciais distúrbios ligados ao terrorismo durante os megaeventos, tudo isso fazia parte de uma estratégia mais ampla, a de aumentar a influência estadunidense sobre as agências de segurança brasileiras. Priscila Villela, doutora em relações internacionais pelo Programa de Pós-Graduação San Tiago Dantas (Unesp/Unicamp/PUC-SP), descreveu essa estratégia em um artigo acadêmico publicado em 2020. Segundo ela,

> fica evidente o modus operandi das agências policiais norte-americanas em países estrangeiros. Conferências, eventos, treinamentos auxiliam não só na transferência de conhecimento, como na construção de hubs de relacionamento íntimos e de confiança entre os agentes de justiça de ambos os países. Há um deliberado esforço em criar relações de confiança com autoridades brasileiras, construindo um canal direto entre as polícias, de maneira que possam influenciar o trabalho policial, investigações, formulação de leis e políticas públicas. (Villela, 2020)

Villela complementa:

> [há um] fluxo de relações transnacionais entre agentes norte-americanos, brasileiros, públicos e privados que estabelecem redes de confiança a partir de onde compartilham conhecimento, tecnologia e recursos. Essas articulações não estão isentas de hierarquias e de relações de poder. Os recursos políticos, econômicos, tecnológicos e o prestígio que podem ser mobilizados pelo FBI o tornam uma liderança nesse processo. São as agências estadunidenses que oferecem os recursos e conhecimento às instituições brasileiras, não o contrário. (Villela, 2020)

Pouco antes da realização das Olimpíadas de 2016, houve uma demonstração prática disso. Quinze dias antes da abertura dos jogos, a Operação Hashtag, da PF, foi deflagrada a partir de uma indicação do diretor chefe do FBI no Brasil[2] e de uma "denúncia anônima", segundo a PF. Dez suspeitos foram presos simultaneamente em seis estados, com grande espetáculo midiático. Foi a primeira grande ação do governo de Michel Temer (MDB) logo após o impeachment de Dilma Rousseff (PT), capitaneada pelo então ministro da Justiça e Segurança Pública e depois ministro do STF Alexandre de Moraes.

Em uma detalhada reportagem para a Pública, chamamos a operação de "um fiasco olímpico".

Um dos suspeitos morreu linchado no presídio, acusado de terrorista. Oito réus sofreram a primeira condenação por terrorismo no Brasil em maio de 2017, embora, conforme a apuração que fiz em parceria como jornalista Rogério Pacheco Jordão, eles jamais tenham elaborado um plano terrorista de fato. O que se encontrava na acusação eram apenas ilações desencontradas, jogadas em grupos de Telegram e Facebook — e incentivadas por agentes infiltrados.

Se, por um lado, a Operação Hashtag ajudou um governo estreante que tomava posse depois de um impeachment de legitimidade duvidosa, por outro marcou um novo capítulo nas relações entre o FBI e os serviços de segurança brasileiros. A época das resistências dos governos petistas às investigações sobre terrorismo no país havia chegado ao fim.

2 Pelas datas, trata-se do agente especial Steve Moore. Moore foi o chefe do escritório do FBI no Brasil entre agosto de 2014 e agosto de 2017, comandando a equipe de agentes lotados em São Paulo e Brasília. De acordo com sua página do LinkedIn, aposentou-se em 2018, após 22 anos trabalhando no FBI, onde obteve "extensa experiência internacional em fraudes internacionais complexas, corrupção, FCPA, antitruste, AML, investigações internas sensíveis, e investigações cibernéticas". No seu perfil profissional ele declara ter "experiência significativa" em planejamento de segurança para megaeventos.

A operação também serviu ao governo estadunidense como uma grande propaganda de algo que seu lobby vinha tentando alcançar havia muito tempo: a mensagem de que o Brasil, com a ajuda dos Estados Unidos, seria duro no combate ao terrorismo. E, portanto, as Olimpíadas de 2016 estavam salvas.

A Lava Jato

Foi com esse histórico em mente que comecei, no fim de 2018, a investigar a participação estadunidense na maior operação anticorrupção da história do país, a Lava Jato, capitaneada (de maneira ilegal e parcial, conforme decidiu depois o STF) pelo juiz Sérgio Moro, da 13ª Vara Criminal Federal de Curitiba, em aliança próxima com os procuradores do MPF liderados por Deltan Dallagnol.

A operação teve um saldo de tirar o fôlego: em cinco anos e sessenta fases, denunciou seiscentos réus, chegou a 285 condenações e recuperou, segundo o MPF, treze bilhões de reais em dinheiro público desviado em esquemas de corrupção. Colocou na cadeia, e depois em prisão domiciliar, alguns dos maiores empreiteiros do Brasil, assim como políticos até então considerados intocáveis. Impediu Lula de se candidatar à presidência em uma eleição em que era favorito, e que levou à vitória do ex-capitão do Exército Jair Bolsonaro, o primeiro presidente de ultradireita a comandar o Brasil desde a ditadura militar, rompendo um ciclo de governos de centro e centro-esquerda.

Em 2018 já era claro que as consequências da força-tarefa beneficiaram largamente a estratégia geopolítica dos Estados Unidos e ajudaram a pôr um freio no fortalecimento das relações Sul-Sul capitaneada pelos governos petistas.

A Lava Jato também não fugiu a uma tendência que vi em outros países da América Latina, em especial no Paraguai, quando investiguei as digitais estadunidenses no impeachment-relâmpago do bispo Fernando Lugo, primeiro e único presidente de esquerda a governar o país — ele foi deposto no último ano do mandato, com popularidade em alta, o que lhe permitiria eleger seu sucessor. Essa tendência pode ser resumida da seguinte maneira: os investimentos dos Estados Unidos se voltavam agora para treinamentos e relacionamentos no Judiciário e nas polícias,[3] em vez dos exércitos nacionais, como faziam durante o ciclo de ditaduras militares no continente entre os anos 1960 e 1980.

Desde 2015, aqui e ali pipocavam notícias sobre a "cooperação internacional" da Lava Jato, visitas de procuradores estadunidenses, empresas brasileiras investigadas nos Estados Unidos. Até que surgiram as notícias das multas bilionárias pagas pela Odebrecht e pela Petrobras ao Departamento de Justiça dos Estados Unidos em 2017 e 2018, respectivamente. A cobertura da imprensa não respondia à pergunta fundamental: o que esses estadunidenses estavam fazendo por aqui? Por que eles estavam punindo empresas brasileiras por corrupção de políticos brasileiros e desvio de dinheiro público dos contribuintes brasileiros?

De cara, passei alguns meses relendo os documentos do WikiLeaks sobre as empresas brasileiras e a cooperação

3 O treinamento das forças de segurança paraguaias estava entre os principais programas financiados pelos Estados Unidos. Entre 2005 e 2010, cerca de mil militares e policiais foram treinados — a maioria em 2009, ano seguinte à posse de Lugo —, e dali saíram alguns comandantes nomeados pelo vice-presidente ao tomar posse. A Polícia Nacional foi a responsável pela operação que resultou na matança de Curuguaty, um massacre que foi usado como argumento para o processo de impeachment que só durou 24 horas. O MPF e a Corte Suprema, que negou dois recursos movidos pela defesa do presidente contra o impeachment, também foram contemplados com programas financiados pelo governo dos Estados Unidos.

judicial, e também estudando a legislação Foreign Corrupt Practices Act [Lei de práticas de corrupção estrangeira] (FCPA), que permite que o Departamento de Justiça investigue e puna nos Estados Unidos atos de corrupção praticados por empresas estrangeiras mesmo que não tenham acontecido em solo nacional — basta que tenha havido transferência de dinheiro por algum banco local, que se vendam ações de empresas envolvidas na bolsa nos Estados Unidos ou até mesmo que a propina tenha sido paga em dólares.

É importante entender que, nos casos das leis de FCPA, quem faz a investigação é o Departamento de Justiça. Não existe nos Estados Unidos, nesse caso, separação entre os procuradores de Justiça e o Executivo.

Segundo uma reportagem da Associated Press, os procuradores e o FBI se reúnem a cada quinze dias para falar sobre as consequências políticas e econômicas das investigações. A agente do FBI Leslie Backschies, que dirige a unidade de corrupção internacional do *bureau*, disse à Associated Press que a atuação do FBI em casos como esse ajudou a derrubar ou a não eleger presidentes. A trajetória de Leslie, cujo último sobrenome é Rodrigues e que é fluente em português, revela muito do grande "salto" dado pela polícia federal estadunidense para começar a se meter na corrupção dos outros.

Leslie iniciou a carreira na divisão de segurança nacional do FBI, atuando nas áreas de contraterrorismo e de resposta a armas de destruição em massa. De especialista em armamentos e terrorismo, passou a investigar casos de corrupção e lavagem de dinheiro, supostamente para interromper os fluxos de financiamento de atos terroristas contra cidadãos estadunidenses. "Ao falar com as empresas [envolvidas em corrupção], eu digo 'Quando você paga um suborno, você sabe onde o dinheiro está indo? Sua propina está indo para financiar terrorismo?'", explicou ela à Associated Press (Viana, Fishman, Saleh & Agência Pública/The Intercept Brasil, 2020).

Logo no começo da pesquisa, localizei alguns dos procuradores estadunidenses que mais atuaram em investigações transnacionais envolvendo empresas brasileiras e aproveitei uma viagem aos Estados Unidos para entrevistar alguns deles. Estava em Washington quando o Intercept Brasil publicou a primeira reportagem da série Vaza Jato.

A notícia era explosiva: o site havia recebido 1,7 terabyte de dados de conversas no aplicativo Telegram entre procuradores da força-tarefa, trocadas desde os primeiros anos da operação, incluindo documentos, áudios e fotos. Foi o maior vazamento da história do jornalismo brasileiro. Era impossível não haver ali alguma pista sobre a relação com os estadunidenses.

Comecei a ligar insistentemente para todos os editores do Intercept pedindo para a Pública ser parceira no projeto. Éramos parceiros naturais, expliquei, por conta da nossa experiência em trabalhar com vazamentos e com gigantescas bases de dados.

Passaram-se três meses até que a parceria fosse concretizada. A Pública, assim como outros oito veículos, teria acesso aos documentos, mas, por medidas de segurança, apenas na redação do Intercept no Rio de Janeiro, em computadores próprios.

Viajei com a repórter Alice Maciel até o Rio e mergulhamos nos arquivos durante uma semana; voltei mais duas vezes. Os horários eram exíguos para nossa curiosidade. O material era riquíssimo e havia sido ordenado em uma plataforma buscável por data, telefone, tipo e assunto.

Ao acompanhar o desenvolvimento dos diálogos pelo aplicativo de mensagem instantânea, compreendi que era um enorme quebra-cabeça. Conversas que começavam em um dia se estendiam pelo dia seguinte, às vezes interrompidas por outro assunto, depois se prolongavam até altas horas da noite. Temas sensíveis — por exemplo, o planejamento de uma operação da PF contra um alvo específico — eram discutidos simultaneamente em diversos grupos. Por serem diálogos escritos, era muito difícil entender o tom, se havia ironia, como interpretar corretamente a intenção por trás de cada conversa. E, finalmente, havia uma quantidade enorme de fofocas ali, nenhuma delas publicada porque desde o começo o objetivo era apontar desvios ou ilegalidades cometidos pela força-tarefa que mudou a história do Brasil.

As primeiras reportagens do Intercept Brasil marcaram o que seria a principal revelação do vazamento: a proximidade ilegal entre o juiz Sérgio Moro e o chefe da força-tarefa, Deltan Dallagnol. Moro chegava a dirigir a operação, sugerir provas, perguntar como andavam as denúncias. O vazamento expôs a parcialidade do juiz, em especial contra o ex-presidente Lula, reconhecida posteriormente em julgamento no STF.

Para minha surpresa, ninguém tinha buscado detalhes sobre o relacionamento entre os Estados Unidos e a Lava Jato nos arquivos. Mas bastava buscar por FBI, ou DOJ (sigla para Departamento de Justiça), e pronto: pelo menos três mil mensagens mencionando cada um desses termos. Ler um por um esses diálogos e documentos foi uma tarefa lenta, meticulosa e muito reveladora. Como eu já estudava o assunto havia algum tempo, compreendia o contexto para poder montar as peças daquele quebra-cabeça. Conhecendo os nomes dos procuradores que trabalharam para o DOJ, a busca ficou mais fácil. Havia pegadas deles em toda parte.

Nos diálogos ficava claro, por exemplo, que os procuradores da Lava Jato organizaram uma visita ilegal de uma equipe estadunidense a Curitiba em outubro de 2015, durante a qual procuradores do Departamento de Justiça e agentes do FBI liderados por Patrick Stokes, chefe da unidade de FCPA, receberam um excelente briefing sobre as delações já assinadas até então e foram apresentados para os advogados dos delatores da Odebrecht e da Petrobras para começarem a negociar acordos e confissões para a Justiça dos Estados Unidos.

A Lava Jato escondeu essa visita do governo federal presidido por Dilma Rousseff. O então ministro da Justiça, José Eduardo Cardozo, me disse que tomou um susto. "Eu fui avisado pela PF de que havia uma equipe norte-americana em Curitiba estabelecendo um diálogo com autoridades, e a PF me perguntou se isso havia sido autorizado por nós. Eu não tinha a menor ciência disso" (Viana, Fishman, Saleh & Agência Pública/The Intercept Brasil, 2020). Cardozo disse que interpelou o então procurador-geral da República, Rodrigo Janot, que assegurou que se tratava de "uma atividade exclusivamente não funcional", de "alguma finalidade acadêmica" (Viana, Fishman, Saleh & Agência Pública/The Intercept Brasil, 2020).

A visita, sem autorização do Ministério da Justiça, é ilegal, segundo um acordo bilateral.[4] No entanto, quando interpelados pelo ministério, os procuradores garantiram que não se tratava de uma "diligência" e ainda esconderam os nomes dos agentes do FBI que estavam na comitiva "para não causar ruído" com o governo estadunidense.

Depois da visita, Patrick e sua turma foram alertados pelos procuradores Deltan Dallagnol e Orlando Martello de que o STF tinha restrições a interrogatórios de acusados brasileiros de corrupção por autoridades estrangeiras — seria, portanto, uma violação constitucional — na intenção de proteger a soberania nacional.

4 Segundo o Acordo de Assistência Judiciária em Matéria Penal (MLAT), tratado bilateral assinado em 1997, atos de colaboração em matéria judicial entre Brasil e Estados Unidos — tais como pedir evidências como registros bancários, realizar buscas e apreensões, entrevistar suspeitos ou réus e pedir extradições — devem ser feitos por meio de um pedido formal de colaboração através do Ministério da Justiça.

Mas os procuradores de Curitiba estavam tão enamorados dos estadunidenses que sugeriram formas de contornar o STF para interrogar delatores brasileiros. "Agora nós temos mais uma maneira de convencer empresas e indivíduos a revelar fatos: ameaçar informar 'as autoridades americanas' sobre corrupção e delitos internacionais... (risos)", escreveu Orlando Martello (Viana, Fishman, Saleh & Agência Pública/ The Intercept Brasil, 2020).

De fato, delatores brasileiros como o doleiro Alberto Youssef e os ex-diretores da Petrobras Nestor Cerveró e Paulo Roberto Costa foram interrogados pelos estadunidenses no Brasil e nos Estados Unidos, e alguns, como o ex-presidente da Braskem, José Carlos Grubisich, assinaram acordos confidenciais com o governo de lá sem que exista qualquer vestígio do que foi prometido ou entregue.

Nossa investigação também revelou que, desde a visita ilegal da delegação estadunidense em 2015, a Lava Jato já negociava dividir a multa que o DOJ imporia à Petrobras. Até mesmo o valor da multa futura era moeda corrente na conversa — já se falava em 1,6 bilhão de dólares — antes mesmo de os estadunidenses interrogarem qualquer um dos envolvidos no esquema. Eles ofereciam *asset sharing* [partilha de bens] com os procuradores brasileiros. E isso os interessava.

Desde então, os procuradores brasileiros discutiam entre si, no Telegram, a possibilidade de receber uma parcela dessa multa e criar uma fundação para gerir o valor bilionário, na qual teriam óbvia influência, e que apoiaria projetos e treinamentos de combate à corrupção. A fundação chegou a constar em um acordo da Lava Jato com a Petrobras em 2019, que foi posteriormente suspenso pelo STF. Os procuradores teriam um assento no conselho deliberativo e caberia ao MPF constituir a entidade com sede em Curitiba e indicar membros para o comitê que criaria a associação — um dos primeiros nomes aventados foi o da organização Transparência Internacional, cujo diretor deu palpites na minuta do contrato com a Petrobras.

Ao mesmo tempo, Deltan e Roberson Pozzobon discutiam abrir uma empresa para atuar no mesmo ramo: "Vamos organizar congressos e eventos e lucrar, ok?", escreveu Dallagnol para sua esposa no Telegram (Audi & Demori, 2019).

Se por um lado os procuradores se interessavam em formar uma fundação bilionária sobre a qual teriam forte influência, por outro o governo dos Estados Unidos tinha interesse evidente em investigar as duas gigantes brasileiras, Odebrecht e Petrobras.

Segundo afirmou o ex-embaixador estadunidense em Brasília entre 2010 e 2013, Thomas Shannon, a repórteres do Consórcio Internacional de Jornalistas Investigativos (ICIJ), o projeto político dos governos petistas para a integração econômica da América do Sul suscitava preocupações no Departamento de Estado — que "considerou o desenvolvimento da Odebrecht parte do projeto de poder do PT e da esquerda latino-americana". Já a Petrobras, com a descoberta do pré-sal, estava recebendo acesso privilegiado à exploração dos novos campos brasileiros e a 30% de toda operação, o que enervou as petroleiras estadunidenses conforme demonstram cristalinamente documentos do WikiLeaks.

Além dos diálogos, segui apurando através das vias mais usuais, como conversas em *off* com advogados, procuradores e ex-servidores de órgãos federais que trabalham com colaboração internacional, participando de congressos sobre cooperação bilateral, analisando processos judiciais e assistindo a horas e horas de palestras de agentes do FBI.

Entre policiais que têm até página no LinkedIn e outros com nomes genéricos e desconhecidos, consegui identificar treze agentes que participaram das investigações para o governo dos Estados Unidos no Brasil. Como já mencionei, a lei diz que nenhum agente estadunidense pode fazer diligências ou investigações em solo brasileiro sem autorização expressa do Ministério da Justiça, pois as polícias não têm jurisdição fora dos seus países de origem.

Um dos diálogos que mais provocou polêmica foi uma conversa entre Vladimir Aras, da Procuradoria-Geral da República (PGR), e Deltan Dallagnol. Aras é especialista em cooperação internacional e avisou Deltan que não adiantava se comunicar diretamente com o governo estadunidense: tinha que passar pelo Ministério da Justiça. "A questão não é de conveniência. É de legalidade, Delta", avisou o então chefe do departamento de relações internacionais da PGR (Viana, Neves, Agência Pública/The Intercept Brasil, 2020).

Por que essa relação é problemática? Como já mencionei, nos casos das leis de FCPA não existe separação nos Estados Unidos entre os procuradores de Justiça e o Executivo. Os que investigaram a Odebrecht e a Petrobras respondem diretamente ao procurador-geral, que nos Estados Unidos é uma espécie de ministro da Justiça. Da mesma maneira, o FBI é subordinado ao Executivo, ao mesmo Departamento de Justiça.

E o FBI tem plena consciência disso. Tanto que Leslie Backschies disse, em uma entrevista à Pública: "Quando você está olhando para oficiais estrangeiros em outros governos — quer dizer, veja, na Malásia, o presidente não foi reeleito. Nós vimos presidentes derrubados no Brasil. Esses são os resultados de casos como esses. Se você está olhando para membros do alto escalão de governos, há muitas sensibilidades" (Viana, Neves, Agência Pública/The Intercept Brasil, 2020).

No final, foi o FBI que acabou ganhando a cereja do bolo ao se aproximar do núcleo duro de Curitiba. Em menos de um ano e meio de mandato no Ministério da Justiça do governo Bolsonaro, Sergio Moro escancarou as portas desse órgão para o FBI, tanto que os chefes da instituição estadunidense passaram a aparecer abertamente, dar palestras e fazer várias reuniões reservadas com altos membros da pasta.

Moro liberou ainda a vigilância na Tríplice Fronteira, ponto estratégico para os Estados Unidos, a pretexto de combater o terrorismo internacional.

Esse era um sonho antigo do FBI: participação ativa em um centro de inteligência na Tríplice Fronteira. O "Fusion Center", ou Centro Integrado de Operações de Fronteira (Ciof), é um escritório de inteligência em Foz do Iguaçu que reúne agentes de dezesseis instituições e um banco de dados unificado. O modelo é inspirado no centro comandado pela Drug Enforcement Administration (DEA) — a agência antidrogas estadunidense — na fronteira com o México, e foi inaugurado por Moro durante sua rápida passagem pelo Ministério da Justiça. Um mês antes de abrir o centro, Moro levou o chefe do FBI no Brasil, David Brassanini, ao local para um tour "vip" e disse que o órgão estadunidense ajudou na construção do centro e que trabalhariam ali adidos policiais estrangeiros.

Como vimos, era um assunto que sempre preocupou as autoridades estadunidenses, ponto de grande conflito com os governos petistas na primeira década do século XXI. Por fim, o governo dos Estados Unidos saiu vitorioso, com uma estratégia que, conforme mostram as reportagens que escrevi ao longo de dez anos para a Pública, se revelou perseverante e certeira.

9

O racismo por trás das prisões injustas de pretos e pobres

José Cícero da Silva

Era manhã de quinta-feira quando dois policiais receberam uma chamada da central comunicando um assalto de carga na região onde faziam ronda. Com a atenção redobrada pelo aviso, minutos depois avistaram dois jovens tirando caixas do interior de um carro estacionado com as portas abertas. Ao ver a viatura, eles abandonaram o veículo e saíram correndo. Um entrou na primeira casa que viu, acessou a laje e saiu em fuga pelos telhados. O outro correu pela viela que adentrava a favela, e um dos policiais foi em sua direção. O suspeito em fuga não era morador daquela comunidade, não sabia ao certo por qual caminho seguir, mas continuava percorrendo a viela, desviando das crianças que brincavam, dos vizinhos que conversavam na frente das casas e das mulheres que estendiam roupas no varal.

Notando que não conseguiria pegar o fugitivo ágil, o policial começou a disparar em direção a ele, mesmo com toda aquela movimentação na viela. O jovem se esgueirou por um portão aberto e entrou na casa, dando de cara com Diego e Wlaedson na sala, que lhe pediram para sair de lá. Foi quando o policial entrou e o jovem correu para o andar de cima. Não contente em pegar o rapaz, ele também deu voz de prisão aos dois amigos que estavam apenas conversando na casa invadida.

Diego, até então menor de idade, e Wlaedson, com vinte anos, foram abordados e tratados como se tivessem participado do assalto. Os três ficaram rendidos na frente da casa aguardando o reforço policial chegar. Os vizinhos que estavam na viela e presenciaram toda cena de perseguição pediam para o policial soltá-los, afirmando que eles não tinham relação alguma com o crime. Mas o agente se limitou a dizer que os três estavam juntos e todos iriam para a delegacia.

Assim que soube que o filho seria levado pela polícia, a mãe de Wlaedson pegou o documento do rapaz e correu até o local da abordagem. Perguntou aos policiais por que iam levar seu filho que não havia cometido crime algum. "Se ele não fez, não tem por que se preocupar. Ele vai para averiguação", ouviu como resposta. Indignada, tentava argumentar juntamente aos vizinhos, mas, ao ver que o policial estava cada vez mais agressivo e sabendo como eles tratam os moradores do bairro, achou mais prudente tentar resolver com o delegado.

Os parentes de Wlaedson e Diego não obtiveram nenhuma explicação na delegacia. Foi o advogado do rapaz que invadiu a casa que acabou se aproximando para oferecer ajuda aos familiares, completamente perdidos. Entrou na sala do delegado e retornou com a notícia de que Diego ficaria preso por suspeita de ter participado do assalto e que Wlaedson voltaria para casa. Assustada, a mãe de Diego começou a chorar, alegando que o filho era inocente e menor de idade. O advogado foi então chamado de volta à sala e retornou com outra explicação: quem ficaria preso seria o Wlaedson, não o Diego, por ser menor de idade.

E Wlaedson ficou. Não adiantou o jovem que participou do roubo afirmar em confissão que nem o conhecia e que só entrou na casa para se proteger dos tiros da polícia. A ficha limpa, sem antecedentes, a vida de trabalhador e sem envolvimento com o crime também não impediram que Wlaedson fosse para a prisão sem sequer ser ouvido, ao contrário do que dizia o boletim de ocorrência, atribuindo a ele a decisão de permanecer calado.

Na audiência de custódia, na manhã seguinte, no Fórum Criminal da Barra Funda, zona oeste de São Paulo, a palavra de Wlaedson novamente não teve valor. O MPF e o juiz decidiram por sua prisão preventiva com base no depoimento do policial, que insistiu na versão, que sabia falsa, de que o jovem estava envolvido no assalto; e do delegado, que corroborou a falsa acusação, apesar de saber que não havia provas da participação de Wlaedson no crime e dos depoimentos a seu favor.

Familiares e testemunhas ficaram assombrados com a decisão. Para eles, aquilo não fazia sentido. Ninguém entendia por que a Justiça estava agindo daquela maneira. Em choque, Wlaedson foi conduzido ao Centro de Detenção Provisória de Guarulhos. O jovem, que fez de tudo para não se envolver com o crime, estava preso por algo que não cometeu.

Logo na chegada ao presídio, como de praxe, teve de "passar a ciência" — o motivo pelo qual estava dividindo a cela com outros criminosos. Assim que os outros presos conseguiram confirmar a versão do jovem, recebeu o vulgo (apelido) de Inocente. Foi chamado assim pelos companheiros da cadeia nos cinco meses e meio que ficou detido em caráter provisório. Só então foi liberado pelo juiz por falta de provas.

Três anos depois, há menos de um quilômetro do local onde Wlaedson foi detido, outros quatros jovens foram presos, acusados de roubo de carga. Segundo a versão dada pelos policiais, os rapazes foram encontrados em um matagal ao lado de uma escola pública, transferindo os itens do roubo para um carro. Além do depoimento do agente, não há nenhuma prova que indique que os jovens tenham participado do crime. Ao contrário, os indícios são de que não estavam envolvidos.

Os quatro rapazes contaram que estavam na quadra da escola naquela manhã, aguardando para jogar futebol, quando, de repente, um policial entrou atirando na direção deles. Correram então para uma parte da escola rodeada por mato. Poucos minutos depois, ouviram os policiais se aproximarem, dizendo: "Se a gente pegar, vamos matar, se a gente achar, vamos matar".

Na sequência surgiu um helicóptero em apoio à operação que começou a efetuar disparos em direção ao terreno. Os jovens se assustaram, e os policiais os levaram em direção à viatura, enquanto familiares e testemunhas tentavam explicar para os policiais que nenhum deles tinha envolvimento com roubo.

Nenhum objeto roubado foi encontrado com eles, mas foi registrado no BO que eles estavam transportando a carga para o carro. Nem mesmo as imagens da câmera de segurança da escola que provavam que eles entraram ali sem nada nas mãos, quatro minutos após o roubo, ocorrido a quinze minutos dali, foram levadas em conta. Como no caso de Wlaedson, também a confissão do assaltante dizendo que os quatro meninos não tiveram relação alguma com o crime foi ignorada.

Com exceção de um deles, que ficou em prisão domiciliar por fazer uso de medicamentos controlados prescritos pelo médico, os outros foram levados ao Centro de Detenção Provisória de Osasco, onde ficaram por dois meses. Atualmente aguardam audiência em casa mediante algumas restrições de horário e circulação.

Essas duas histórias, que representam tantos casos semelhantes, tiveram o mesmo desfecho: os meninos foram soltos depois que os próprios familiares, com ajuda das redes socioeducativas e de movimentos sociais, além de fazer protestos, levantaram provas e juntaram testemunhas — como disse Elizeu Soares Lopes, o ouvidor das polícias de São Paulo, em uma entrevista sobre o caso dos quatro jovens injustamente presos, "fizeram o trabalho que a polícia não fez" (Oliveira, 2021). Mais do que isso, os policiais envolvidos nas duas detenções sabiam que estavam mentindo.

Certeza da impunidade

O racismo do Judiciário começa com o desprezo do policial que aborda o preto pobre na certeza da impunidade. Segue na delegacia, em que só vale a versão da polícia, chancelada depois do promotor que nem se interessa em ouvir os "suspeitos". Ninguém sequer pensa em investigar o que de fato aconteceu. Muitas vezes o juiz condena baseado apenas na palavra dos que o acusam, apesar dos tantos casos de abuso policial que o Brasil inteiro conhece.

Não é de hoje que essas injustiças acontecem. Sabemos como o preto pobre é tratado pelo sistema judicial. Nem é preciso conhecer os dados, que mostram que a cada três presos, dois são negros, para saber que as prisões estão lotadas de pretos pobres. Quantas dessas detenções são injustas? Quantos foram condenados pela classe social e pela cor?

A pele negra é tida pelo sistema como um forte elemento que favorece as prisões injustas. É evidente que isso não é dito e não está escrito, porém "sutilmente" é levado em consideração em processos que envolvem réus pobres e negros. Foi essa a história que ouvi repetidamente de tantos entrevistados, como Bárbara Querino, mulher, jovem, negra, condenada a cinco anos e quatro meses, porque a vítima de um assalto afirmou tê-la reconhecido por conta do cabelo cacheado.

Depois de tanto tempo cobrindo histórias de pessoas acusadas pela Justiça por crimes que não cometeram, meu olhar voltou-se para as questões estruturais que estavam por trás desses casos: reconhecimentos realizados fora do padrão, detenções feitas a partir dos depoimentos de policiais, corporativismo do sistema, entre outros aspectos. Essa é a base da minissérie "Até que se prove o contrário", lançada em novembro de 2021 no formato de podcast com coordenação de Natalia Viana. Em seis episódios, o repórter Ciro Barros, o produtor e apresentador Ricardo Terto e eu nos aprofundamos nesses elementos estruturais por trás das prisões injustas.

Para além da experiência nessa cobertura, já vivi muitas situações de abordagens policiais violentas. Como negro, nordestino, criado na favela, até hoje morador da periferia de São Paulo, acho que o primeiro passo é reconhecer que os abusos policiais têm cor. E isso não acaba na polícia. Cada instância do sitema de justiça precisa examinar com lupa sua atuação, identificar as ações que contribuem para as injustiças e assumir as responsabilidades pelos erros dos seus agentes: sejam eles promotores, sejam eles juízes. Também é preciso falar em reparação às vítimas das injustiças. Isso sem falar na obrigação do MPF em fiscalizar a atuação policial e a dos governadores de responderem pelos erros de suas polícias.

A imprensa também tem um papel importante para mudar essa situação de permanente injustiça, denunciando com coragem e foco o racismo que está por trás de execuções, espancamentos, prisões, condenações de jovens negros em todo o país. Mais do que tudo, precisa ouvir as vítimas, tantas vezes apresentadas como vilãs em programas de rádio e telejornais. Não temos mais tempo a perder.

10

“O tempo não cura tudo”: da ditadura ao Brasil de Bolsonaro

Marina Amaral

A frase do historiador Rodrigo Patto Sá Motta (2021) resume, para mim, como viemos parar no Brasil de Bolsonaro: o tempo não nos curou da violência, da injustiça e das mentiras que vivemos nos anos de chumbo. Como um paciente que foge da terapia, o país não acertou as contas com o passado, deixando nebulosos os fatos, insepultos os mortos e impunes os culpados.

Medo, sangue e ódio. Esses são os tons das ditaduras, não importa o verde e amarelo da bandeira, seja nos anos de chumbo, seja no ideário do bolsonarismo. Lembro como meu pai detestava o hit da Copa de 1970, uma peça de propaganda do governo Médici, que, crianças, cantávamos com a TV Globo: “Eu te amo, meu Brasil, eu te amo / Meu coração é verde, amarelo, branco, azul-anil / Eu te amo, meu Brasil, eu te amo / Ninguém segura a juventude do Brasil”. Naquela altura a ditadura já havia matado o estudante Edson Luís, de dezessete anos, em 1968, o primeiro caso conhecido dos mais de 220 jovens com menos de trinta anos que seriam vítimas fatais do aparelho repressivo do Estado. Era assim que os generais “seguravam” a juventude.

Na campanha eleitoral de 2018, o SBT ressuscitou essa e outras músicas da Copa de 1970, veiculando-as em vinhetas supostamente nostálgicas. Não por acaso. O apelo ao patriotismo continua sendo um instrumento para justificar o autoritarismo, o ódio, a violência permanente, a perseguição aos "inimigos internos". Não ter julgado esses crimes bloqueou nosso futuro. Somos uma sociedade moldada para tolerar o intolerável, do negacionismo do golpe de 1964 às fake news da pandemia promovidas pelo presidente da República, da leniência com a tortura e com o desaparecimento dos presos políticos ao silêncio (ou aplausos) diante das chacinas perpetradas hoje por policiais e milicianos.

Entrei no jardim de infância no ano em que o Brasil sofreu o golpe militar e só pude votar para presidente aos trinta anos, quando já era mãe e jornalista. Quando trabalhei pela primeira vez em uma grande redação, em janeiro de 1985, Tancredo Neves já havia sido eleito pelo Colégio Eleitoral, o que marcou o final da ditadura ao mesmo tempo que nos impediu mais uma vez de eleger um presidente nas urnas.

Não houve transição democrática, aos moldes da que ocorreu em países como Argentina e Chile, onde a queda da ditadura foi seguida de investigações e julgamentos contra os crimes cometidos no período anterior. Aqui se passou da ditadura à democracia sem ruptura, com negociações a portas fechadas, sem apontar culpados nem esclarecer os fatos. Os segredos continuam a nos envenenar.

A seguir, um exemplo pessoal do quanto varremos para baixo do tapete. Quando consegui a vaga de copidesque na *Folha de S.Paulo*, estava orgulhosa em participar do jornal que fez a melhor cobertura do movimento pelas Diretas Já. Também vibrei com a ousadia com que expusemos a agonia de Tancredo, enquanto os demais veículos aguardavam as negociações nos bastidores que levariam à posse do vice, José Sarney, sem revelar que o presidente eleito estava à beira da morte. Mas, embora eu soubesse que todos os grandes veículos de mídia tinham apoiado o golpe de 1964, nem imaginava — e soube pelos veteranos da redação da *Folha da Tarde*, dirigida por policiais durante a ditadura — que o jornal das Diretas Já havia colaborado ativamente com a repressão, emprestando caminhonetes para a Oban, o que depois seria reafirmado pela historiadora Beatriz Kushnir (e registrado no relatório da Comissão Nacional da Verdade, em 2014). A Oban, ou Operação Bandeirante, foi montada clandestinamente para capturar, torturar e matar estudantes e militantes políticos, com financiamento de empresários (em 2011, o jornal admitiu que apoiou o golpe, mas negou a colaboração com a repressão).

Composta por policiais civis do Departamento de Ordem Política e Social (Dops) de São Paulo e militares do II Exército, a Oban foi uma espécie de projeto piloto do DOI-Codi, órgão que seria o carro-chefe do aparato da repressão em diversos estados brasileiros. O deputado cassado Rubens Paiva, pai do escritor Marcelo Paiva, então com onze anos, foi assassinado sob tortura nas dependências do DOI-Codi no Rio de Janeiro em 1971. A mulher e uma das filhas de Rubens Paiva, com apenas quinze anos, também foram presas, encapuzadas e interrogadas. O jornalista Vladimir Herzog, pai de três filhos, também foi torturado até a morte em 1975 no DOI-Codi de São Paulo. Ninguém até hoje foi punido por esses crimes.

À época, a família de Herzog foi comunicada pelo Exército de que o jornalista havia se matado na cadeia (chegaram a divulgar uma foto com a cena do "suicídio", grosseiramente fake). A versão sobre o desaparecimento de Paiva é igualmente falsa: ele teria fugido depois de "terroristas" terem interceptado o carro da polícia. Uma farsa cabalmente desmontada por depoimentos posteriores.

Para os militares, a eleição de Jair Bolsonaro foi uma oportunidade para reescrever a história, forjar um passado digno para a reputação perdida nos porões da tortura e nos corpos jogados em valas clandestinas. A censura à imprensa, o medo reinante, os fatos ocultos sob falsos atestados de óbitos e relatórios policiais mentirosos facilitam hoje a tarefa dos falsificadores históricos. Restabelecer a verdade e transmiti-la às novas gerações continua sendo uma tarefa essencial para todos os que se preocupam com a construção da democracia no país.

Como agência de jornalismo comprometida com os direitos humanos, a investigação de abusos dos agentes do Estado, da ditadura aos dias de hoje, foi um dos nossos primeiros eixos investigativos — e permanece em pauta. Entre maio de 2011 e outubro de 2021 publicamos mais de sessenta matérias sobre o tema: de documentos secretos do governo estadunidense, à época vazados pelo WikiLeaks, a reportagens que revelaram a existência de campos de concentração indígenas, os atos de terrorismo de direita antes do Ato Institucional n. 5 (AI-5), as mentiras sobre o Araguaia, além das pensões milionárias pagas até 2021 a viúvas e filhas de militares acusados de crimes durante a ditadura.

Crimes de sangue

Eu tinha vinte anos quando veio a anistia, em agosto de 1979, embora não "ampla, geral e irrestrita", como pedimos nas ruas, nos estádios de futebol, em atos e shows em teatros lotados. A lei assinada pelo general João Baptista Figueiredo, o último presidente da ditadura, excluía do perdão os "terroristas" condenados de forma definitiva por "crimes de sangue", o que paulatinamente foi sendo revertido depois da promulgação da lei, em boa parte dos casos, através de indultos do próprio Figueiredo.

Tudo indica que o real objetivo dos militares com a anistia era proteger a si próprios na redemocratização em marcha e que a restrição para os "terroristas" foi apenas uma forma de desviar a atenção, como explicou o professor Carlos Fico, da Universidade Federal do Rio de Janeiro (UFRJ), no aniversário de quarenta anos da anistia. Disse Fico, em agosto de 2019, à Agência Senado:

> Não há evidências empíricas definitivas, mas eu, após anos de pesquisas e entrevistas, cheguei à conclusão de que a ditadura pôs essa interdição para encobrir aquilo que realmente desejava, que era a autoanistia. Enquanto todo mundo ficou tentando de todas as formas incluir os condenados pelos "crimes de sangue" na anistia, o perdão aos torturadores ficou em segundo plano e foi aprovado com facilidade. (Westin, 2019)

Até hoje ações movidas pelas famílias das vítimas e pelo MPF, com fartas evidências contra os responsáveis por mortes, tortura e desaparecimentos, são barradas nos tribunais superiores com base na lei de 1979. Em 2010, o STF rejeitou uma ação da Ordem dos Advogados do Brasil (OAB) que pedia maior clareza na interpretação da lei, especialmente em relação à tortura. Ponto para os criminosos.

O fato de não terem tido que se explicar na Justiça também facultou aos militares se calarem sobre evidências que poderiam esclarecer o destino de desaparecidos políticos. Em vários casos, foram os jornalistas, muitas vezes a partir de investigações feitas por conta própria pelos familiares das vítimas, que desmentiram as versões criadas pelos militares e obtiveram documentos da época com ex-agentes da repressão, já que o Exército sempre se negou a entregá-los.

Um dos casos mais importantes foi a descoberta da vala de Perus, em 1990, pelo repórter Caco Barcellos, da TV Globo. Durante uma investigação sobre a morte e a ocultação de cadáveres pela Polícia Militar de São Paulo, que utilizava um esconderijo no cemitério Dom Bosco, em Perus, Caco, que sabia da relação entre os grupos de extermínio e o aparelho de repressão da ditadura, suspeitou de que o local pudesse ter sido usado também para descartar corpos de presos políticos. Confrontando os registros do cemitério com datas de desaparecimento dos militantes, percebeu várias coincidências e conseguiu confirmar suas suspeitas com dois familiares de vítimas — um deles, a advogada e militante Suzana Lisboa, havia localizado ali o corpo do marido, em 1979. Quando a vala clandestina foi aberta, inacreditáveis 1.049 sacos contendo ossadas foram retirados. Até hoje apenas cinco restos mortais foram identificados como sendo de desaparecidos da ditadura, mas ainda há mais de mil para serem analisados.

Muitas famílias só conseguiram ter a confirmação da morte de filhos e esposos depois da promulgação da Lei 9.140, de 4 de dezembro de 1995, que reconheceu "como mortas pessoas desaparecidas em razão de participação ou acusação de participação em atividades políticas". A mesma lei estabeleceu indenização às famílias e a sobreviventes torturados e instituiu a Comissão Especial Sobre Mortos e Desaparecidos Políticos, hoje quase destruída pela ministra Damares Alves, titular da pasta à qual é subordinada. Na impossibilidade de dissolver a Comissão, por ela ser fruto de uma lei federal, o governo Bolsonaro encerrou os grupos de identificação de ossadas da vala de Perus e do Araguaia, que já havia sido paralisada no governo Temer, impedindo mais uma vez o direito de as famílias enterrarem seus mortos e da sociedade conhecer a verdade. "Quem gosta de osso é cachorro", Bolsonaro gosta de dizer.

Durante o governo Lula, a Comissão produziu o primeiro documento do governo brasileiro reconhecendo oficialmente os agentes do Estado como responsáveis pela morte de 475 militantes políticos. O relatório Direito à Verdade e à Memória, publicado em 2007 pela Secretaria Especial dos Direitos Humanos, então dirigida pelo ex-preso político Paulo de

Tarso Vannuchi, transformou o documento em livro de acesso público. Ali são narrados, em detalhes, estupros, torturas, execuções e ocultação de cadáveres, bem como os nomes dos agentes responsáveis pelos crimes. Naquele momento, contava-se 140 famílias que ainda não tinham conseguido encontrar os corpos de filhos e companheiros.

O relatório da CNV, de 2014, contou 210 desaparecidos, 68 deles no Araguaia durante a repressão militar à tentativa de formação de uma guerrilha pelo Partido Comunista do Brasil (PCdoB) no sul do Pará. Recentemente, o MPF entregou investigações realizadas desde 2012 como parte da sentença da Corte Interamericana de Direitos Humanos, emitida em novembro de 2010, condenando o Brasil a investigar o desaparecimento das vítimas das operações militares no Araguaia e a dar satisfação às famílias. De acordo com o MPF, a versão de uma guerra na selva difundida pelos militares contraria os fatos, que apontam para execuções sumárias e ocultação de corpos. Oito oficiais e um médico foram responsabilizados, mas é possível que nada aconteça na Justiça brasileira. A segunda instância da Justiça Federal tem suspendido ações penais com base na Lei da Anistia de 1979, especialmente no Pará. Em grau de recursos, os casos devem ser discutidos ainda no Superior Tribunal de Justiça (STJ) e no Supremo Tribunal Federal (STF), que também são refratários a mudanças na Anistia.

A Justiça que é conivente com os crimes da ditadura segue complacente com erros e abusos de agentes do Estado, como sabem tantos jovens negros presos sem provas e até hoje torturados em delegacias e prisões (ver capítulo 9). Do lado dos algozes, as coincidências também são muitas: o delegado Sérgio Fleury, um dos maiores torturadores da ditadura, comandava um esquadrão da morte, que matava "suspeitos" pretos e pobres nas periferias de São Paulo, enquanto pendurava presos políticos no pau de arara no Dops — a polícia política estadual. Também as milícias do Rio de Janeiro, próximas a Bolsonaro, se configuraram no lado clandestino da polícia fluminense, entre o jogo do bicho, os grupos de extermínio e os porões da ditadura militar, como revela o jornalista Bruno Paes Manso em *A república das milícias* (Todavia, 2020).

Há uma distância menor do que se pode imaginar entre os crimes cometidos na ditadura e o assassinato de Marielle Franco em 2018 por milicianos próximos a Bolsonaro, a mando de não se sabe quem. Os obstáculos para chegar aos fatos é uma das suas marcas.

Cabeças cortadas

As primeiras reportagens publicadas pela Agência Pública, em maio e junho de 2011, foram baseadas justamente nos autos do processo sobre o Araguaia. Em 2003, a juíza federal Solange Salgado condenou o Estado a indicar os locais onde se encontram os corpos dos militantes mortos na repressão à guerrilha do Araguaia e, com isso, promover um sepultamento digno. O não cumprimento dessa sentença é um dos motivos para a já citada condenação do país pela Corte Interamericana de Direitos Humanos. Até hoje só foram identificados restos mortais de duas vítimas: os da militante Maria Lúcia Petit, encontrados entre ossadas descobertas por familiares de desaparecidos no cemitério de Xambioá em 1991, mas só identificados em 1996, depois de uma reportagem de *O Globo*; e os de Bergson Gurjão Farias, identificados por exame de DNA em 2009, entre doze ossadas recolhidas em 1996 em escavações comandadas pela Comissão Sobre Mortos e Desaparecidos Políticos no Araguaia.

Nas buscas pelos desaparecidos promovidas pela Comissão, e depois sob o comando da juíza Solange Salgado, foram entrevistados muitos moradores da região, pequenos agricultores e ex-mateiros forçados a trabalhar ilegalmente para o Exército ou vítimas de violência. As narrativas chocantes dessas pessoas, algumas gravadas em vídeo, nos pegaram de surpresa quando nos debruçamos sobre os 149 volumes do processo do Araguaia, aberto em 1982 por 25 familiares de desaparecidos. Também se tornaram o ponto de partida para as três reportagens que inauguraram o site da Pública, assinadas por mim e por Tatiana Merlino, que é sobrinha de um jornalista assassinado aos 22 anos pela ditadura, como contei no capítulo 1.

Encontramos relatos de povoados inteiros ocupados pelos militares, que obrigavam os homens a abrir fossos para servir de prisão para eles mesmos. Os suspeitos de amizade com os "paulistas", como eram chamados os guerrilheiros, eram retirados desses buracos para dançar sobre tições acesos, sentar-se em formigueiros, chicotear outros presos. Suas famílias também eram torturadas, como contou a agricultora Oneide, que sofreu violências junto aos filhos depois que o marido aderiu à guerrilha.

Há ainda depoimentos de homens forçados a cometer crimes bárbaros sob pena de serem eles próprios mortos. Mateiros eram retirados das prisões e jogados de helicópteros em áreas onde estavam os militantes, com a missão de matá-los e trazer as cabeças cortadas como prova, como contou em depoimento em vídeo Sinésio Martins, 86 anos. Saltam aos olhos a tristeza, a culpa e a vergonha do velho mateiro, ainda hoje assombrado pelo que teve que fazer.

Escancarar essa história de terror publicamente, mostrando que a ditadura não respeitou nem mesmo as regras da Convenção de Genebra, que regula os princípios mínimos a serem observados durante as guerras, foi a nossa estreia. Vejo nela três elementos que se mantêm no jornalismo da Pública: escarafunchar documentos, privilegiar os relatos dos invisíveis e ter como maior valor o interesse público e a defesa dos direitos humanos.

Os generais e a guerrilheira

Uma foto publicada no *Estadão* sobre uma cerimônia na Academia das Agulhas Negras, com a presença de Dilma Rousseff, capta o momento em que o espadim empunhado pelo cadete parece transpassar o corpo da primeira presidente mulher do Brasil. Pelo impacto, a foto de Wilton de Sousa Júnior recebeu o Prêmio Rei da Espanha de 2011; vista depois da conspiração política (e militar) que levaria à queda de Dilma e à instalação do vice Michel Temer na presidência, é de arrepiar.

A antipatia visceral dos militares pela ex-guerrilheira se agravou com a insistência de Dilma em cobrar do Estado a garantia do direito à memória e à verdade e o acesso público a essas informações. Em 2005, quando estava à frente da Casa Civil, ela pediu que os arquivos da Divisão de Segurança Interna de todos os ministérios fossem enviados para o Arquivo Nacional e disponibilizados ao público. Por sua influência, no mesmo ano foi emitido um decreto presidencial ordenando que os arquivos do Serviço Nacional de Informações (SNI), o órgão de espionagem da ditadura, do Conselho de Segurança Nacional (CSN) e da Comissão Geral de Investigações (CGI), que estavam sob custódia da Agência Brasileira de Inteligência (Abin), tivessem o mesmo destino.

Mas a atitude que colocou os generais em pé de guerra foi a instalação da Comissão Nacional da Verdade (CNV), antecedida pela Lei de Acesso à Informação, promulgada em novembro de 2011, dentro do mesmo pacote de transparência do Estado. "Foi uma facada nas costas, mesmo considerando que foi em decorrência de antigos compromissos assumidos pela presidente Dilma", disse o general Eduardo Villas-Boas, em entrevista a Natalia Viana em agosto de 2020, para o livro *Dano colateral*, que trata da intervenção dos militares na segurança pública a partir de uma série de reportagens realizada por ela para a Agência Pública.

Mas o general, que era comandante do Exército, não disse nada publicamente na época, respeitando a condição de chefe das Forças Armadas da presidenta, preceito sagrado até o governo Bolsonaro (vide caso do general Pazuello). O único general da ativa a se expressar publicamente contra a CNV, Sérgio Etchegoyen, o fez depois da publicação do relatório que traz os nomes de seu tio e de seu pai entre os que comandavam órgãos que trabalhavam para a repressão. Na nota divulgada à imprensa, o general classificou o documento de "leviano" e disse: "No seu patético esforço para reescrever a história, a CNV apontou um culpado para um crime que não identifica, sem qualquer respeito aos princípios constitucionais do contraditório e da ampla defesa".

Etchegoyen foi a eminência parda do governo Temer e um dos catalisadores da insatisfação dos militares na costura política do impeachment de Dilma, como explica Natalia Viana em *Dano colateral*. Entrevistado pela jornalista, ele disse que a instituição da CNV foi uma "retaliação" que "incomodou jovens e velhos [militares]". "Fazer o que fizeram, quarenta anos depois, sem que o país estivesse reclamando aquilo..." (Viana, 2021).

Encontros com Mr. Dops

Uma das coisas mais frustrantes para os jornalistas é a indiferença do público diante de denúncias graves, como é o caso da ditadura militar e seu legado de horrores. E o clima durante as discussões que antecederam a criação da CNV apontava nessa direção, como notou o general Etchegoyen. Talvez pelo longo tempo transcorrido desde o fim da ditadura ou por ser esse um período desconhecido pelos mais jovens, o fato é que, além das personalidades e jornalistas envolvidos na própria comissão, ex-presos políticos e familiares e algumas organizações dos direitos humanos, poucas pessoas se mexeram.

A gente acreditava que essa percepção da população, principalmente da juventude, poderia mudar se esses crimes se tornassem reais para o público, mostrando que tinham sido cometidos por gente de carne e osso, muitos deles funcionários públicos e militares ainda hoje com salários pagos pelo Estado. E foi assim que cheguei ao delegado aposentado José Paulo Bonchristiano. Então com oitenta anos, ele parecia ser um sujeito vaidoso, que não se incomodava em aparecer aqui e ali falando dos tempos no Dops de São Paulo. Ao contrário do colega Sérgio Fleury, um dos expoentes da crueldade da repressão, também não estava listado como torturador em nenhum dossiê, como o Brasil Nunca Mais. Mas ele certamente tinha conhecimento dos fatos — em alguns casos, em detalhes, já que a maioria dos presos políticos de São Paulo passava pelo Dops, onde trabalhou na maior parte da carreira policial até a extinção do órgão em 1983.

Nos cárceres do Dops, hoje expostos para o público depois que o antigo prédio se tornou o Memorial da Resistência, muitos ficavam presos depois de torturados ou no intervalo entre as capturas ilegais e o presídio. Além de espionar suspeitos de atividade política, como estudantes e professores, e de ter abrigado torturas, principalmente antes da criação da Oban e do DOI-Codi, ali se preparava a papelada falsa para legitimar prisões ilegais e encobrir mortes, execuções e desaparecimentos.

Até onde se sabe, o delegado Bonchristiano, que me mostrou fotos com o cantor Roberto Carlos do tempo que fazia bico como segurança na TV Record, era um desses "funcionários". Um pouco mais do que isso, como acabaria admitindo. Ele recolhia presos na Oban e no DOI-Codi — lugares que costumava frequentar — e, pelo menos uma vez, levou uma militante quebrada pela tortura para apontar o endereço de um "aparelho" (como eram chamadas as casas dos militantes). Também contou orgulhoso que foi um dos idealizadores do Comando de Caça aos Comunistas (CCC), grupo paramilitar que espancava estudantes, artistas, padres que se opunham aos militares ou aos valores morais da "revolução". Mas foram muitas horas de entrevista até chegar nessas histórias.

Como a Pública havia sido criada fazia pouco tempo e Bonchristiano era ruim de internet, ele não sabia o que esperar da entrevista com a jornalista. No telefone, eu disse estar à procura de um personagem que contasse o período da "revolução" (sim, tive que usar o nome fake da ditadura para não o afugentar) do ponto de vista dos policiais paulistas. Animado, ele foi logo concordando em me receber, com uma condição: que eu incluísse na reportagem uma reivindicação salarial dos delegados, que beneficiaria também os aposentados, como ele.

Certa de que isso apenas reforçaria o fato de que, além de não terem sido punidos, os agentes da repressão continuavam com seus salários (no caso dele, sem trabalhar há 27 anos, era de onze mil reais em 2011), concordei. E cumpri. Do meu lado, fiz também uma exigência, mas só quando já estava sentada na sala bem arrumada de seu apartamento no Brooklyn: tudo que ele falasse seria gravado.

Tomei a decisão de fazer uma entrevista *on the record* porque sabia que ele mentiria e silenciaria sobre qualquer informação relevante para descobrir circunstâncias e responsáveis por mortes e desaparecimentos de presos políticos. Havia até um "pacto de silêncio", ele disse, entre os que coabitaram os porões da ditadura. Não sei se é verdade, embora eu tenha ouvido essa história de mais de um interlocutor. Mas para mim estava claro que tudo o que ele queria era se gabar do passado e obter um aumento de salário. Se aceitasse conversar em *off*, ele me distrairia com falsas pistas e documentos sem valor, como fez nas poucas vezes em que desliguei o gravador.

O que eu pretendia era simplesmente fazer um retrato de um funcionário da repressão e mostrar que as pessoas que detinham informação direta sobre os porões estavam vivas e não iam falar por vontade própria, sem ameaça de punição, como seriam os depoimentos da CNV.

Essa, aliás, foi a primeira declaração dele. "Não vou depor. Acho bobagem, nunca pratiquei irregularidades, mas não sou dedo-duro e não vejo utilidade nessa comissão" (Amaral, 2012a), foi logo dizendo, indiretamente admitindo que tinha conhecimento das violações.

Não insisti e combinamos que ele me contaria sobre seu tempo de Dops a partir do seu ponto de vista, sem censura. Foi o que ele fez durante nove encontros semanais, de cerca de três horas, sob reprovação de sua mulher, que, volta e meia, a pretexto de servir um cafezinho, o repreendia: "Você não está falando demais, Zé Paulo?".

Mas ele continuou falando até os delegados da ativa tomarem conhecimento de que o dr. Paulo estava contando suas memórias a uma jornalista para tentar cavar espaço para divulgar a reivindicação da categoria. Preocupados com a junção dos dois elementos — ditadura e salários —, seus colegas o proibiram de falar e grampearam meu telefone, como ele me revelou naquele que seria nosso último encontro.

Mr. Dops, apelido que disse ter ganhado de policiais da Central Intelligence Agency [Agência central de inteligência] (CIA) que, segundo vários de seus relatos, estavam presentes antes do golpe e permaneceram depois dele, ou Paulão Cacete e Bala, como era chamado quando fazia policiamento de rua (junto ao futuro delegado Fleury, antes de ambos serem recrutados para o Dops), é o retrato do policial violento que passou da violação de direitos dos presos comuns ao fanatismo persecutório contra os "inimigos internos", expressão que repetiu diversas vezes. Embora tenha negado a participação em esquadrões da morte, origem da equipe que Fleury levou para o Dops, não se furtou a elogiar o colega. "Para vocês de fora é diferente, mas, para nós, acabar com marginal é uma coisa positiva. O meu colega Fleury merecia um busto em praça pública", afirmou, exaltado (Amaral, 2012a).

Aos poucos eu descobriria que, de tão viciado em violência, ele nem sequer considerava o pau de arara — em que o preso é pendurado com os tornozelos amarrados aos pulsos, às vezes até que o sangue pare de circular — um instrumento de tortura. "O pau de arara não é, assim, uma tortura, vai tensionando os músculos, se o cara falar logo não fica nem marca, mas se o cara for macho e segurar...", me explicou ele certa vez. Diante de minha expressão escandalizada, concedeu: "Choques, sim, dependendo" (Amaral, 2012a).

A tal da banalidade do mal se manifestava a todo momento depois da terceira entrevista, quando ele admitiu ter conhecimento de "tudo" que se passava no Dops, na Oban, no DOI-Codi. "Uma vez prendi um cara em um 'aparelho' no Tremembé, e, quando estava chegando no Dops, o Fleury pediu o preso emprestado, não lembro o nome dele. Depois de dois dias sem notícias do preso, fui perguntar para o Fleury, e ele me pediu desculpas, tinha matado o cara que eu nem ouvi", relatou, indignado, como se fosse um contratempo na repartição. "O Fleury estava em todas, perdi muitos 'tiras' para ele porque lá eles ganhavam mais, tinha um 'por fora'", contou (Amaral, 2012a).

De fato, alguns dos mais conhecidos facínoras que foram para a turma de Fleury aparecem primeiro nas histórias de Bonchristiano. O investigador Raul Careca, auxiliar de Fleury nos porões, era companheiro de CCC de Bonchristiano, junto dos civis, como o estudante João Marcos Flaquer. Careca também teria recorrido a Bonchristiano para saber o que fazer depois de disparar dezoito tiros pelas costas em Marco Antônio Braz de Carvalho, o Marquito, da Vanguarda Popular Revolucionária (VPR), dentro de um "aparelho".

Mas chocante mesmo, para mim, foi a revelação de seu relacionamento com Campão, o policial José Campos Correia, também da equipe de Fleury, e descrito como um dos torturadores mais cruéis do bando pelo jornalista Percival de Souza, em *A casa da vovó* (Godoy, 2015). Campão, que entre outras coisas era o responsável por sumir com os corpos dos mortos sob tortura, conforme o próprio Bonchristiano, era seu motorista no Dops e cumpria outras funções na família do delegado, como me contou sua mulher, quase sem querer, já que ela não sabia exatamente o que se passava no Dops. "Uma vez, minha filha era pequenininha e quando o Campão, que trabalhava para o Zé Paulo, veio buscá-la para a escola, ela desatou a chorar ao ver aquele homão", disse. Imagino que não tenha sido só pelo tamanho do monstro que a pequena Sílvia caiu no berreiro.

Mas a menina cresceu e, ao contrário da mãe, quis saber mais sobre o que se passava no Dops, cenário escolhido por ela para uma performance dramática em seu trabalho de conclusão da graduação em artes plásticas. Assim como ela, também uma das netas de Bonchristiano defendeu a CNV nas redes sociais. Preocupada com a mãe, que ficou chocada com a publicação da reportagem, Sílvia não falou muito depois disso, mas a neta de Bonchristiano me agradeceu por ter posto fim ao mistério que rondava a vida do avô em um e-mail comovente e, para mim, muito gratificante, do qual reproduzo um trecho pela primeira vez:

> Em certo momento da minha adolescência, passei a ter essa necessidade de tirar a limpo a história, saber quem ele realmente foi, mas o velho é escorregadio como só ele, e era quase impossível. Ele continua sendo meu avô, não sou eu quem vai querer puni-lo por o que quer que seja, mas para mim desenterrar esse

tipo de coisa é muito importante. Minha mãe disse que minha avó ligou pra te xingar ou qualquer coisa assim, mas gostaria que você soubesse que o seu artigo talvez seja muito importante para muita gente, mas duvido que para alguém seja mais importante do que para mim.

Pouco tempo depois da publicação da reportagem, em fevereiro de 2012, três meses antes da instalação da CNV, começaram a pipocar os primeiros escrachos realizados pelos jovens brasileiros. Inspirados em movimentos semelhantes em outros países da América Latina, eles descobriam os endereços dos antigos torturadores e se reuniam diante das casas, expondo seus crimes publicamente, em faixas, pichações e gritos na rua.

Assim como a neta de Bonchristiano, esses jovens aprenderam que, para construir o futuro, é necessário se reconciliar com o passado. Mas, para isso, é preciso justiça, uma batalha que ainda está longe de acabar.

Posfácio

O jornalismo sempre se reinventa

Carlos Alberto de Azevedo

A Agência Pública completou dez anos. Não apenas chegou até aqui, mas chegou vitoriosa, reconhecida por seu jornalismo objetivo, baseado em pesquisa rigorosa dos fatos, checagem e rechecagem, focado na defesa dos direitos humanos. Suas matérias são reproduzidas por numerosos veículos de imprensa no Brasil e no exterior. Com um aspecto relevante: sua reprodução não custa nada, apenas a citação da fonte.

A Pública surgiu no momento que a imprensa independente — presa ao modelo papel, gráfica, bancas, assinaturas e quase nenhuma publicidade —, sob o cerco da imprensa comercial e patronal, vivia sua crise terminal.

Uma porta se fechava, ao mesmo tempo abriu-se uma imensa janela, a tecnologia da internet. Foi uma explosão, a comunicação imediata e a extrema fragmentação das fontes de informação pareciam indicar o reino da liberdade de expressão. Os terremotos do WikiLeaks de Julian Assange e dos vazamentos promovidos por Edward Snowden deram o sinal do que se tornava possível. Porém a rede logo se transformou no reino da pós-verdade e das fake news, que trouxeram a manipulação da opinião pública, com resultados deletérios para a informação da sociedade com reflexos negativos nas eleições, pondo em risco a democracia.

A Pública sobrevive a isso. Lançando mão da tecnologia e de ferramentas virtuais e financiamento de fundos e ONGs de defesa dos direitos humanos, já nasceu conectada à rede mundial, hoje hegemônica entre os meios de comunicação.

O que dá mais relevo ao seu sucesso é que essa agência foi criada e é dirigida por mulheres, e sua equipe é majoritariamente feminina, embora também conte com guapos rapazes. Ao longo dessa década de vida acumulou numerosos prêmios nacionais e internacionais graças à qualidade de suas reportagens. A Pública não opina, mas informa. Seu rigor na apuração e na apresentação dos fatos lhe deu credibilidade, o que veio a se tornar a sua força.

Essa verdade transparece no minguado número de processos judiciais promovidos contra a agência. Em dez anos de atividade, publicando matérias explosivas, sofreu o incrível número de quatro processos e nenhuma condenação até o momento em que escrevo.

Acho que se pode dizer que a Pública é um dos muitos frutos dos mega vazamentos do WikiLeaks e de Snowden, que, ao revelar as maquinações imperiais da diplomacia e da espionagem dos Estados Unidos, eletrizaram a pesquisa e a investigação jornalística em toda parte. Não foi pouca coisa o que a Natalia Viana viu e aprendeu em 2010 ao ser a única jornalista brasileira a fazer parte da equipe de Julian Assange, que revelou os dados secretos estadunidenses ao mundo.

Tempos interessantes

Criada em 2011, a Pública viveu "tempos interessantes", no sentido dado pelo suposto provérbio chinês. Ainda estava nos primeiros passos quando aconteceu o "terremoto" de 2013, que até agora estamos tentando entender. E prestou testemunhos importantes desses dez anos tempestuosos. Com a reportagem "A nova roupa da direita", de junho de 2015, a experiente Marina Amaral (a outra criadora da Pública) desvendou as entranhas da "guerra híbrida" que começara a se desenrolar no Brasil e que ainda está se desdobrando rumo ao autoritarismo com a volta progressiva dos militares ao poder.

Sim, guerra híbrida é o que estamos vivenciando, afirma o antropólogo e professor da Universidade Federal de São Carlos Piero Leirner em *O Brasil no espectro de uma guerra híbrida* (2020), no qual cita a definição do jornalista Pepe Escobar, do *Asia Times*, que escreveu em junho de 2016, no calor da hora:

> No manual da Guerra Híbrida, a percepção da influência de uma vasta "classe média não engajada" é essencial para chegar ao sucesso, de forma que esses não engajados tornem-se, mais cedo ou mais tarde, contrários a seus líderes políticos. O processo inclui tudo, de "apoio à insurgência" (como na Síria) à "ampliação do descontentamento por meio de propaganda e esforços políticos e psicológicos para desacreditar o governo" (como no Brasil). E conforme cresce a insurreição, cresce também a "intensificação da propaganda; e a preparação psicológica da população para a rebelião". Esse, em resumo, tem sido o caso brasileiro. (Leiner, 2020)

Leirner se dedica há décadas ao estudo do pensamento militar no Brasil, trabalhando diretamente com militares de Estado Maior. Seu livro desvela a liderança e o engajamento do Exército na formulação e implantação da guerra híbrida em nosso país, que levou ao impeachment da presidenta Dilma Rousseff e a tudo que se seguiu.

Ele escreve: "guerra híbrida não envolve tanques e soldados [...] é algo que se produz no campo de uma guerra informacional". Mais adiante: "os processos de uma guerra híbrida são tão mais eficientes quanto mais imperceptíveis. Guerra subliminar". Seu livro detalha o processo de formação do conjunto de ideias que se desenvolveu entre os militares de alta patente para se transformar na guerra psicológica e de propaganda que inverteu os conceitos a ponto de, por exemplo, qualificar a Rede Globo de "comunista" e disseminar esse absurdo por amplas camadas da sociedade.

Não estou dizendo que a Pública assumiu esse conceito de guerra híbrida. Não sei a posição delas e deles sobre isso. Mas digo que a agência deu sua contribuição para a revelação de um aspecto importante desse processo. Trabalhando em associação com o site The Intercept Brasil no episódio do vazamento dos contatos entre o ex-juiz Sérgio Moro e os procuradores da Lava Jato, ela investigou e apurou um capítulo estratégico: o da participação secreta e ilegal do FBI e outros órgãos de inteligência dos Estados Unidos na conspiração da Lava Jato de Curitiba para impedir a eleição de Lula em 2018. E que culminou com a eleição de Jair Bolsonaro. Operação que, de quebra, serviu para entregar o petróleo do pré-sal às multinacionais, desestabilizar a indústria nacional de engenharia, de construção civil e a indústria naval.

Desafios futuros

Tendo chegado até aqui, a Pública precisa se preparar para os próximos dez anos. Há indicações de que a porta da liberdade de expressão pode estar se estreitando no Brasil. Desde o mais alto posto do poder repetem-se ameaças contra a imprensa; informações são sonegadas; jornalistas, intimidados, caluniados, perseguidos nas redes sociais, agredidos nas ruas, enfrentam dificuldades para obter recursos para a prática da profissão.

Já vimos isso antes. A ditadura militar, que infelicitou o país por 21 anos, prendeu, torturou, matou, mas não conseguiu silenciar o jornalismo. Mesmo quando a imprensa comercial apoiava o governo ditatorial, ou, mesmo já não apoiando, quando se omitia, os jornais clandestinos circularam. Outros, explorando exíguos espaços e poucos recursos (quando salário era detalhe), teimaram em ir para as bancas, dar o exemplo de coragem e independência, desvelando para o público a verdadeira face do regime, mesmo sofrendo terríveis amputações nos textos, impostas pela censura prévia exercida nos gabinetes militares. Sem esquecer as invasões nas redações, o terrorismo contra as bancas de jornais e as repetidas inquisições contra jornalistas, intimados a comparecer às delegacias da política para humilhantes interrogatórios e processos pela Lei de Segurança Nacional.

É disso que não devemos nos esquecer no momento em que nuvens carregadas se apresentam.

Uma necessidade

Dizem por aí que, enquanto houver alguém disposto a contar uma história e alguém disposto a ouvir, haverá jornalismo. Em *O falador*, Mario Vargas Llosa (1988) conta sobre aquele indígena cuja função era viajar pela floresta visitando as aldeias para dar as notícias de umas para as outras — quem morreu, quem nasceu, quem caçou, quem fez festa —, mantendo a memória viva nessas culturas orais. Um personagem semelhante também está presente em tradições africanas, o griô.

O jornalismo não está morrendo nem vai morrer. Porque é necessário. A Agência Pública, que está comemorando dez anos de existência, e todo um conjunto de entidades jornalísticas, sites, blogs etc., que entraram por essa janela escancarada da comunicação virtual, estão conseguindo, nesse cipoal, manter o jornalismo vivo, se reinventando a cada dia.

Referências

AGÊNCIA PÚBLICA. Especial Amazônia Pública. 14 nov. 2012.

AGÊNCIA PÚBLICA. Especial Tapajós em Disputa. 2014-2015.

AGÊNCIA PÚBLICA. Especial Amazônia em Disputa. 2016.

AGÊNCIA PÚBLICA. Especial Amazônia Resiste. 2018.

AGÊNCIA PÚBLICA. Especial Amazônia sem Lei. 2019-2020.

AGÊNCIA PÚBLICA. Especial Por Trás do Alimento. 2021.

AGÊNCIA PÚBLICA & ((O))ECO. Especial BNDES na Amazônia. 2013.

AMARAL, Marina. "Conversas com mr. Dops", *Agência Pública*, 9 fev. 2012a.

AMARAL, Marina. "Por que a Vale foi eleita a pior empresa do mundo?", *Agência Pública*, 25 nov. 2012b.

AMARAL, Marina. "Vazamento de informações expõe espionagem da Vale", *Agência Pública*, 13 set. 2013.

AMARAL, Marina. "A nova roupa da direita", *Agência Pública*, 23 jun. 2015.

AMARAL, Marina & MERLINO, Tatiana. "5 mil cruzeiros por cabeça no Araguaia", *Agência Pública*, 20 jun. 2011.

ANJOS, Anna Beatriz. "Índios Paresi buscam autonomia para manter lavouras de soja", *Agência Pública*, 3 abr. 2018.

AUDI, Amanda & DEMORI, Leandro. "'400K': Deltan Dallagnol usou fama da Lava Jato para lucrar com palestras e livros", *The Intercept Brasil*, 14 jul. 2019.

BARROS, Ciro. "O agressor dorme no homem comum", *Agência Pública*, 15 mar. 2016.

BARROS, Ciro. "'Eu sei que vou morrer. Só não quero que matem meu filho', diz liderança no Pará", *Agência Pública*, 3 set. 2019.

BARROS, Ciro & DOMENICI, Thiago. "Viveiros de Castro: 'Estamos assistindo a uma ofensiva final contra os povos indígenas'", *Agência Pública*, 10 out. 2019.

BARROS, Ciro; LEVY, Clarissa; CORREIA, Mariama; PINA, Rute; DOMENICI, Thiago & DIP, Andrea. "Uma família acusa o fundador da Casas Bahia", *Agência Pública*, 15 abr. 2021.

CASTRO, Ana. "Quem lucra com a Vale", *Agência Pública*, 25 nov. 2012.

CHIAVERINI, Tomás & MENDES, Ana. "A guerra secreta pela bauxita", *Agência Pública*, 22 ago. 2016a.

CHIAVERINI, Tomás & MENDES, Ana. "O acordo embaixo da árvore", *Agência Pública*, 22 ago. 2016b.

CHRISTENSEN, Clayton M.; SKOK, David & ALLWORTH, James. "Breaking News: Mastering the Art of Disruptive Innovation in Journalism", *Nieman Reports*, 15 nov. 2012.

CÍCERO, José; BARCELOS, Iuri & BARROS, Ciro. "396 mortes pela PM paulista: as histórias por trás dos BOs", *Agência Pública*, 10 dez. 2015.

CÍCERO, José & BARROS, Ciro. "A espera que sangra o Divino Pai Eterno", *Agência Pública*, 17 out. 2016.

COLODETI, Elisangela & ANDRADE, Naiana. "Mulheres denunciam série de crimes sexuais contra crianças em Minas", *Agência Pública*, 14 ago. 2020.

D'OSUALDO, Bárbara & OLIVEIRA, Rafael. "Não há um único genocídio que não tenha sido precedido por discursos de ódio", *Agência Pública*, 3 ago. 2021.

DIP, Andrea. "Fugi e fiquei viva, minha filha enfrentou e morreu", *Agência Pública*, 3 abr. 2017.

DIP, Andrea & DE MAIO, Alexandre. "Meninas em jogo", *Agência Pública*, 12 maio 2014.

DOLCE, Julia. "'O problema não é o ataque contra o Cimi, e sim o ataque mortal contra os povos indígenas', diz Dom Roque", *Agência Pública*, 6 maio 2020.

DOLCE, Julia & CÍCERO, José. "O 'maior desmatador do Brasil' possui 120 madeireiras na região Norte", *Agência Pública*, 22 nov. 2019.

DOMENICI, Thiago. "Processados pela Vale", *Agência Pública*, 23 nov. 2017.

DOMENICI, Thiago. "Exclusivo: documento revela descaso da Vale com o risco de morte em ferrovia", *Agência Pública*, 4 fev. 2019a.

DOMENICI, Thiago. "Professores acusam Laureate de forjar documentos para obter o reconhecimento de cursos EAD no Brasil", *Agência Pública*, 15 maio 2019b.

DOMENICI, Thiago. "Laureate usa robôs no lugar de professores sem que alunos saibam", *Agência Pública*, 30 abr. 2020a.

DOMENICI, Thiago. "Após uso de robôs, Laureate agora demite professores de EAD", *Agência Pública*, 13 maio 2020b.

DOMENICI, Thiago. "Laureate: o raio X de uma fraude para reconhecer uma graduação no MEC", *Agência Pública*, 13 nov. 2020c.

DOMENICI, Thiago; BARCELOS, Iuri & FONSECA, Bruno. "Negros são mais condenados por tráfico e com menos drogas em São Paulo", *Agência Pública*, 6 maio 2019.

FERNANDES, Bob. "Paulo Lacerda, ex-diretor PF: 'Corrupção e os espiões dos EUA'. Costa, ex-FBI: EUA espiona o Brasil", *YouTube*, 9 jul. 2020.

FERRAZ, Lucas. "No Mato Grosso, os novos problemas de uma velha disputa", *Agência Pública*, 16 set. 2016.

FLECK, Giovana; MARTINS, Laís & FERNANDES, Larissa. "Influenciadores digitais receberam R$ 23 mil do governo Bolsonaro para propagandear 'atendimento precoce' contra covid-19", *Agência Pública*, 31 mar. 2021.

FONSECA, Bruno & DIP, Andrea. "'O poder público só nos vê quando a gente tomba'", *Agência Pública*, 2 out. 2017.

FONSECA, Bruno & MOTA, Jéssica. "As pegadas do BNDES na Amazônia", *Agência Pública*, 15 out. 2013.

GODOY, Marcelo. *A casa da vovó: uma biografia do Doi-Codi (1969-1991), o centro de sequestro, tortura e morte da ditadura militar*. São Paulo: Alameda, 2015.

GRIGORI, Pedro; AGÊNCIA PÚBLICA; REPÓRTER BRASIL & FONSECA, Bruno. "Apicultores brasileiros encontram meio bilhão de abelhas mortas em três meses", *Agência Pública*, 7 mar. 2019.

HOFMEISTER, Naira & CÍCERO, José. "Quanto vale um rio?", *Agência Pública*, 5 dez. 2017.

LEINER, Piero. *O Brasil no espectro de uma guerra híbrida: militares, operações psicológicas e política em uma perspectiva etnográfica.* São Paulo: Alameda, 2020.

LIMA, Flavia. "Sobre crimes sexuais invisíveis", *Folha de S.Paulo*, 24 abr. 2021.

LLOSA, Mário Vargas. *O falador.* Trad. Remy Gorga Filho. Rio de Janeiro: Francisco Alves, 1988.

LOPES, Pedro. "O harém do príncipe", *UOL*, 25 dez. 2020.

MACIEL, Alice & FONSECA, Bruno. "Grupo evangélico fez oferta paralela de vacinas ao Ministério da Saúde e prefeituras", *Agência Pública*, 1º jul. 2021.

MANSO, Bruno Paes. *A república das milícias: dos esquadrões da morte à era Bolsonaro.* São Paulo: Todavia, 2020.

MOTA, Jéssica. "Indígenas assumem ações contra crime organizado", *Agência Pública*, 27 fev. 2018.

MOTTA, Rodrigo Patto Sá. *Passados presentes: o golpe de 1964 e a ditadura militar.* São Paulo: Zahar, 2021.

MUNIZ, Bianca; FONSECA, Bruno; FERNANDES, Larissa & PINA, Rute. "Brasil registra duas vezes mais pessoas brancas vacinadas que negras", *Agência Pública*, 15 mar. 2021.

OLIVEIRA, Marcelo. "'Fizeram o que polícia não fez', diz ouvidor a pais que investigaram crime", *UOL*, 10 fev. 2021.

QUADROS, Vasconcelo. "Enquanto Força-Tarefa investiga ouro ilegal, lobby do garimpo tem apoio do governo", *Agência Pública*, 22 jun. 2020.

RUDNITZKI, Ethel; SAKAMOTO, Felipe & FONSECA, Bruno. "Rede social de ultradireita chega ao Brasil com acenos a Bolsonaro", *Agência Pública*, 18 dez. 2018.

SORAGGI, Bruno B. "Filho do fundador das Casas Bahia é acusado de estupro e aliciamento por 14 mulheres", *Folha de S.Paulo*, 22 dez. 2020.

TRINDADE, Eliane. "Como Samuel Klein escapou de prestar contas à Justiça em denúncias de crimes sexuais", *Folha de S.Paulo*, 11 maio 2021.

VIANA, Natalia. "Eles também são vítimas do Exército", 23 maio 2019.

VIANA, Natalia. "O Ano em que o WikiLeaks mudou o mundo", *Agência Pública*, 30 nov. 2020.

VIANA, Natalia. *Dano colateral: a intervenção dos militares na segurança pública*. São Paulo: Objetiva, 2021.

VIANA, Natalia & SANTINI, Daniel. "Brasil, produtor e exportador de armas", *Agência Pública*, 27 jan. 2012.

VIANA, Natalia; FISHMAN, Andrew; SALEH, Maryam & AGÊNCIA PÚBLICA/THE INTERCEPT BRASIL. "Como a Lava Jato escondeu do governo federal visita do FBI e procuradores americanos", *Agência Pública*, 12 mar. 2020.

VIANA, Natalia; MACIEL, Alice; FISHMAN, Andrew & AGÊNCIA PÚBLICA/THE INTERCEPT BRASIL. "Desde 2015, Lava Jato discutia repartir multa da Petrobras com americanos", *Agência Pública*, 12 mar. 2020.

VIANA, Natalia; NEVES, Rafael & AGÊNCIA PÚBLICA/THE INTERCEPT BRASIL. "O FBI e a Lava Jato", *Agência Pública*, 1º jul. 2020.

VILLELA, Priscila. "O FBI e a Polícia Federal, parceiros de longa data", *Jornal da PUC-SP*, 6 jul. 2020.

WESTIN, Ricardo. "Há 40 anos, Lei da Anistia preparou caminho para fim da ditadura", *Agência Senado*, 5 ago. 2019.

Sobre os autores

Andrea Dip

Diretora, editora e repórter na Agência Pública, trabalha como jornalista com foco em direitos humanos desde 2001. Já recebeu treze prêmios por suas reportagens na área. Em 2018, publicou seu primeiro livro, *Em nome de quem? A bancada evangélica e seu projeto de poder*, pela editora Civilização Brasileira. Pesquisa gênero, política e avanço do fundamentalismo religioso na América Latina. É membra-fundadora da rede Unidas entre mulheres da América Latina, Caribe e Alemanha, e fellow editor Cosecha Roja 2018 em Narrativa, Gênero, Violência e Juventude.

Bruno Fonseca

Repórter multimídia, trabalha com infografia, dados, vídeos e animação. Na Agência Pública, teve trabalhos laureados nos prêmios Petrobras de Jornalismo, Vladimir Herzog, República, MPT de Jornalismo, Direitos Humanos de Jornalismo da OAB/RS e Délio Rocha de Jornalismo de Interesse Público. Graduado e mestre pela Universidade Federal de Minas Gerais, cursou Jornalismo Multimídia pela Thomson Reuters.

Carlos Alberto de Azevedo

Participou do movimento de resistência à ditadura, principalmente após 1968. Escreveu vários livros sobre repressão e direitos humanos, entre eles, o mais conhecido, *Jornal Movimento, uma reportagem* (Manifesto, 2011). Passou pelos jornais *A Hora*, *O Estado de S. Paulo*, *Folha de S.Paulo*, *Diário da Noite*, e pelas revistas *O Cruzeiro*, *4 Rodas*, *Realidade*, antes do exílio político. Após o período do regime de exceção foi editor-chefe das campanhas de TV do ex-presidente Lula.

Ciro Barros

Repórter da Agência Pública há seis anos. Ganhou os prêmios do Movimento Nacional de Direitos Humanos, da OAB, pela reportagem "O inquérito do black bloc" e o da Associação Nacional dos Procuradores da República (ANPR) em 2015 e 2016 pela reportagem "No Ceará, terra dos Tremembé é ameaçada por resort espanhol" e pela série Amazônia em Disputa — cobertura finalista dos prêmios Gabriel García Marquez e Petrobras de Jornalismo. Também pela Pública, participou da premiada série do ICIJ Evicted and Abandoned: The World Bank's Broken Promise To The Poor com a reportagem "Obras do Banco Mundial deixam comunidades do sertão do Ceará sem água potável". Em 2017, recebeu menção honrosa na categoria Arte no Prêmio Vladimir Herzog pela HQ *A execução de Ricardo*.

Eugênio Bucci

Professor da Escola de Comunicações e Artes da Universidade de São Paulo (USP). Foi diretor de redação e secretário editorial na Editora Abril, presidente da Radiobras e atualmente é articulista de *O Estado de S. Paulo*. É ainda autor de vários livros e ensaios, como *O Estado de Narciso* (Companhia das Letras, 2015) e *A forma bruta dos protestos* (Companhia das Letras, 2016).

Fabiana Moraes

Professora e pesquisadora do curso de Comunicação Social da Universidade Federal de Pernambuco. Jornalista e doutora em sociologia, tem pesquisas acadêmicas e reportagens voltadas para a questão da hierarquização social com foco na (in)visibilidade de grupos vulneráveis. É vencedora de três prêmios Esso, em 2007, 2009 e 2011, e ainda os prêmios Petrobras de Jornalismo (2015), o Embratel (2011) e três prêmios Cristina Tavares, do Sindicato dos Jornalistas de Pernambuco

(2015). Lançou cinco livros: *Os sertões* (Cepe, 2010), *Nabuco em pretos e brancos* (Massangana, 2012); *No país do racismo institucional* (Ministério Público de Pernambuco, 2013); *O nascimento de Joicy* (Arquipélago Editorial, 2015); e *Jormard Muniz de Britto: professor em transe* (Cepe, 2017). Realizou o documentário *Dia de pagamento* (2015) e investiga jornalismo, subjetividade e a relação entre celebridade e pobreza.

José Cícero da Silva

Fotógrafo e videomaker, atuou como freelancer para veículos de comunicação que abordam violações de direitos humanos. Contribuiu para *Carta Capital*, *Rede Brasil Atual* e *Outras Palavras*. Além da Agência Pública, faz parte do DiCampana Foto Coletivo.

Marina Amaral

É jornalista desde 1984 com passagens pelas redações da *Folha de S.Paulo*, revista *Globo Rural*, TV Record e TV Cultura. A partir de 1997, passou a atuar no jornalismo independente, participando da fundação da revista *Caros Amigos*, da qual foi repórter especial e editora executiva até 2007. Nesse período, conquistou o Prêmio Vladimir Herzog pelo conjunto de reportagens publicadas na *Caros Amigos* (1998) e uma menção honrosa em conjunto com o jornalista João de Barros (2004). Entre 2008 e 2009, coordenou uma equipe de treze jornalistas em levantamento inédito sobre direitos humanos no Brasil, a pedido da Secretaria Nacional de Direitos Humanos, e atuou como repórter no livro *Jornal Movimento, uma reportagem* (Manifesto, 2011). É diretora e cofundadora da Agência Pública.

Marina Dias

Formada em Jornalismo pela Universidade Estadual de Londrina, foi repórter na Rádio UEL FM. Trabalhou como assessora de imprensa e desde 2014 integra a equipe da Agência Pública, onde foi responsável por desenvolver a área de comunicação. Tem atuado nos lançamentos de projetos inovadores da Pública nos últimos sete anos e é responsável por coordenar a distribuição de conteúdo da Pública para diversos veículos.

Natalia Viana

Jornalista há vinte anos, é diretora e cofundadora da Agência Pública. É autora e coautora de cinco livros, entre eles: *Plantados no chão* (Conrad, 2007) e *Dano colateral* (Objetiva, 2021). Como repórter e editora, venceu diversos prêmios de jornalismo, entre eles o Prêmio Vladimir Herzog de Anistia e Direitos Humanos (2005/2016/2020), o Prêmio Comunique-se (2016/2017), o Troféu Mulher Imprensa (2011/2013), os prêmios Gabriel García Márquez (2016) e Ortega y Gasset (2020).

Thiago Domenici

Tem vinte anos de carreira no jornalismo com foco na cobertura de direitos humanos. Teve passagens por publicações independentes como as revistas *Caros Amigos* e *Retrato do Brasil* e já recebeu, ou foi finalista, de mais de dez prêmios, entre eles o Vladimir Herzog de Anistia e Direitos Humanos, o Gabriel García Márquez, o mais importante da América Latina, o Petrobras e o da ANPR. Em 2020, ganhou em equipe o Prêmio Roche de Jornalismo em Saúde pela cobertura da Agência Pública sobre o coronavírus e seus efeitos na população brasileira. Atualmente coordena projetos relacionados à Amazônia e ao Cerrado. É coautor dos livros-reportagens *Brasil Direitos Humanos* (Secretaria dos Direitos Humanos da Presidência da República, 2008) e *Ni pan ni circo: historias de hambre en América Latina* (Nueva Sociedad, 2016).

Primeira edição, maio de 2022
São Paulo, Brasil

Dados Internacionais de Catalogação na Publicação (CIP)
Angélica Ilacqua CRB-8/7057

Furos, mentiras e segredos revelados: uma década de reportagens da Agência Pública / organizado por Marina Amaral, Natalia Viana. — São Paulo: Elefante, 2022.
168 p.

Bibliografia
ISBN 978-65-87235-88-2

1. Jornalismo 2. Reportagens investigativas
I. Amaral, Marina II. Viana, Natália

22-1804 CDD 070.4

Índices para catálogo sistemático:
1. Jornalismo

EDITORA ELEFANTE
editoraelefante.com.br
editoraelefante@gmail.com
fb.com/editoraelefante
@editoraelefante

Sol Elster [comercial]
Samanta Marinho [financeiro]
Isadora Attab [redes]
Maria Spector [mídia]

tipografia Neue Haas Grotesk & Nassim Latin

papéis Ivory Cold 75 g/m² e Cartão 250 g/m²

impressão BMF Gráfica